# Perícia, avaliação e arbitragem

Marcelo Rabelo Henrique

Wendell Alves Soares

# Perícia, avaliação e arbitragem

2ª edição
Revista e atualizada

Rua Clara Vendramin, 58 . Mossunguê
CEP 81200-170 . Curitiba . PR . Brasil
Fone: (41) 2106-4170
www.intersaberes.com
editora@intersaberes.com

| | |
|---|---|
| Conselho editorial | Dr. Alexandre Coutinho Pagliarini |
| | Drª Elena Godoy |
| | Dr. Neri dos Santos |
| | Mª Maria Lúcia Prado Sabatella |
| Editora-chefe | Lindsay Azambuja |
| Gerente editorial | Ariadne Nunes Wenger |
| Assistente editorial | Daniela Viroli Pereira Pinto |
| Edição de texto | Letra & Língua Ltda. – ME |
| | Natasha Saboredo |
| Capa | Laís Galvão (*design*) |
| | Sílvio Gabriel Spannenberg (adaptação) |
| | vidiustrate, Chay_Tee, David Gyung, Zadorozhnyi Viktor, Andrey_Popov, Pickadook, Nuttapong punna e evkaz/Shutterstock (imagens) |
| Projeto gráfico | Raphael Bernadelli |
| Diagramação | Querido Design |
| *Designer* responsável | Sílvio Gabriel Spannenberg |
| Iconografia | Maria Elisa de Carvalho Sonda |
| | Regina Claudia Cruz Prestes |

**Dados Internacionais de Catalogação na Publicação (CIP)**
**(Câmara Brasileira do Livro, SP, Brasil)**

Henrique, Marcelo Rabelo
  Perícia, avaliação e arbitragem / Marcelo Rabelo Henrique, Wendell Alves Soares. -- 2. ed. -- Curitiba, PR : InterSaberes, 2025.

  Bibliografia.
  ISBN 978-85-227-1544-2

  1. Arbitragem (Direito) 2. Auditoria 3. Perícia contábil I. Soares, Wendell Alves. II. Título.

24-210677                                    CDU-347.948:657

**Índices para catálogo sistemático:**
1. Perícia contábil : Processo civil 347.948:657
Cibele Maria Dias – Bibliotecária – CRB-8/9427

1ª edição, 2015.
2ª edição, 2025 – revista e atualizada.

Foi feito o depósito legal.

Informamos que é de inteira responsabilidade dos autores a emissão de conceitos.

Nenhuma parte desta publicação poderá ser reproduzida por qualquer meio ou forma sem a prévia autorização da Editora InterSaberes.

A violação dos direitos autorais é crime estabelecido na Lei n. 9.610/1998 e punido pelo art. 184 do Código Penal.

# Sumário

*Prefácio* • 13
*Apresentação* • 15
*Como aproveitar ao máximo este livro* • 19

## 1
## Fundamentos da perícia contábil no Brasil • 25

1.1 História e fundamentos legais • 27
1.2 Contextualização • 31
1.3 Conceitos e definições • 32

## 2
## A perícia e seus fundamentos legais • 53

2.1 Prova judicial e perícia contábil • 55
2.2 Perícia contábil • 63
2.3 Tipos de perícia • 64
2.4 Normas de perícia em geral e de perícia contábil • 70
2.5 Perícia e auditoria • 86

# 3
## O perito-contador e as diligências • 109

3.1 Perito: definição e requisitos • 112
3.2 NBC PP 01 (R1) – Perito contábil • 118
3.3 Nomeação ou contratação do perito • 120
3.4 Quesitos que delimitam o campo de trabalho do perito • 121
3.5 Procedimentos do perito para bem planejar seu trabalho • 121
3.6 Os atos do perito no processo • 123
3.7 O perito-contador e as provas dos autos do processo • 125
3.8 O impedimento e a suspeição do perito-contador • 125
3.9 Responsabilidade e zelo • 131
3.10 Contrato de prestação de serviços profissionais em perícia extrajudicial, semijudicial e arbitral • 137
3.11 Diligências • 137

# 4
## Papéis de trabalho, formulação e respostas aos quesitos • 151

4.1 Papéis de trabalho • 154
4.2 Investigação pericial e amostragem • 156
4.3 Planilha para anotação e controle das horas do perito-contador ou do perito-contador assistente • 157
4.4 Quesitos e elaboração de respostas • 158

# 5
## Laudo pericial e parecer técnico-contábil • 171

5.1 Diferenças entre laudo e parecer pericial contábil • 174
5.2 Tipos de laudo • 176
5.3 Finalidade do laudo pericial contábil • 179
5.4 Quesitos extrínsecos que todo laudo pericial deve ter • 180
5.5 Requisitos intrínsecos ao laudo pericial • 181
5.6 Anexos e documentos juntados ao laudo pericial contábil • 183
5.7 Uso adequado da linguagem no laudo pericial contábil e no parecer técnico-contábil • 185
5.8 Parecer técnico-contábil • 187
5.9 Modelo de laudo pericial contábil • 190

# 6

## Mediação e arbitragem • 219

6.1 Conceito de mediação • 222
6.2 Projetos de lei para as mediações • 223
6.3 O Judiciário e a arbitragem • 224
6.4 A arbitragem e a profissão contábil • 225
6.5 Avaliação de empresas • 229

*Estudo de caso • 237*
*Consultando a legislação • 239*
*Considerações finais • 243*
*Lista de siglas • 245*
*Glossário • 247*
*Referências • 253*
*Respostas • 263*
*Sobre os autores • 265*

# Agradecimentos

Agradeço a Deus, por permitir a minha existência.

Ao professor Remo Dalla Zanna, exemplo de ética e competência acadêmica, pela confiança e pela generosidade com que permitiu que me beneficiasse de seus conhecimentos.

Aos meus pais, Geraldo Henrique Filho e Luzia Godoi Rabelo, que sempre me ajudaram quando precisei de orientações e me cercaram de carinho, apoio e estímulo. Por me ensinarem que nunca devemos deixar os sonhos para trás, pois, mesmo que eles pareçam distantes, temos de percorrer o caminho necessário para alcançá-los.

À minha esposa, Daniela Loureiro Henrique, pela paciência com minhas ausências para a elaboração deste livro e pelo apoio incondicional em minha vida profissional e pessoal. Não poderia deixar de mencionar também meus filhos caninos Daphne, Batata, Pretinho e Patrão.

Àqueles que se importaram e se dispuseram a fazer parte, ao longo da minha vida, mesmo que por uma fração de tempo, desta conquista, tanto nos momentos de certeza quanto nos de incerteza, os quais puderam ser vividos como oportunidade de crescimento. Na impossibilidade de agradecer-lhes como gostaria e deveria, compartilho e dedico esta vitória a todas essas pessoas.

*Marcelo Rabelo Henrique*

Agradeço a Deus em primeiro lugar, que me acompanha por todos os caminhos e momentos, projetos e desafios de minha vida.

Aos professores adoráveis e inesquecíveis e também colegas na arte de ensinar, que me fizeram pensar neste processo infinito de educação para a vida: Marcelo Rabelo Henrique e Sandro Braz.

Aos meus pais, Maria Lidia e Raimundo Pereira Soares (*in memoriam*), que sempre me ajudaram quando estava precisando; em especial à minha mãe, que sempre acreditou em meu sucesso e esteve ao meu lado, apoiando-me incondicionalmente em todos os momentos de minha vida.

Ao meu filho, Arthur, que é meu maior e melhor presente de Deus, uma dádiva de amor e felicidade sem fim. Desde que nasceu, aqueceu meu coração com seu sorriso e encheu meu peito de orgulho. Foi meu pequeno grande milagre e agora é a razão do meu viver. À minha filha, Ana Beatriz, que se tornou a princesa mais linda deste mundo, e à minha mulher, Carolina de Queiroz Soares, pelo amor e pela dedicação, sem os quais eu não poderia concluir este projeto nem teria razão para viver.

*Wendell Alves Soares*

# Epígrafe

*"A felicidade é salutar para o corpo, mas a adversidade desenvolve o poder da mente."*
(Marcel Proust, *Em busca do tempo perdido*)

# Prefácio

Ser convidado para escrever o prefácio da segunda edição de uma obra tão importante para os profissionais da contabilidade é, para mim, motivo de muito orgulho. Portanto, fico extremamente feliz e lisonjeado pela oportunidade que me foi oferecida pelos autores deste livro.

A perícia é um campo de atuação na contabilidade ainda pouco explorado pelos profissionais da área, tendo em vista sua complexidade e a falta de conhecimentos específicos necessários para uma formação compatível com tudo o que é requerido. Um perito contábil de sucesso precisa, além do domínio técnico da área, entender em profundidade o que dele se espera como apoio da máxima confiabilidade ao Poder Judiciário na tomada de decisões corretas em conflitos nos quais as informações contábeis são decisivas.

Este livro não só enfatiza a importância do assunto e introduz ao aluno em final de curso essa especialização, mas também serve de suporte para quem já trabalha na área e para quem precisa se atualizar. Essa é a principal justificativa dessa segunda edição com teor ampliado em relação à primeira.

As alterações ocorridas após a primeira edição, tanto no Código de Processo Civil (CPC) quanto na norma brasileira de contabilidade relativa à perícia, são as principais inclusões nesta nova edição, sendo seu conhecimento indispensável para quem pretende trabalhar com perícia contábil e para aqueles que já militam na área.

A leitura é muito agradável e proveitosa, pois a obra está escrita de modo claro e objetivo. Os textos legais foram inseridos e comentados no decorrer dos capítulos, permitindo ao leitor assimilar as ideias dentro da essência do que precisa ser entendido. Tal procedimento evita recorrer a apêndices ou leituras exclusivas de legislação – um dos diferenciais que merece ser destacado.

Por tudo isso, estou muito confiante quanto à aceitação da obra pelos profissionais ávidos por novas frentes de trabalho e por aprimoramento em suas atribuições. Certamente, esta obra contribui bastante para a literatura contábil, pelo que parabenizo os autores.

*Prof. Dr. Antonio Saporito*

Doutor em Controladoria e Contabilidade pela Faculdade de Economia, Administração, Contabilidade e Atuária da Universidade de São Paulo (FEA-USP)

Professor Associado da Escola Paulista de Política, Economia e Negócios da Universidade Federal de São Paulo (Eppen-Unifesp)

# Apresentação

Esta obra é dirigida principalmente a alunos e professores de perícia contábil, os quais podem encontrar aqui, de modo organizado e sequencial, todas as informações necessárias para estabelecer um sólido embasamento para o exercício da função. De maneira complementar, ela também é destinada a peritos em formação, que buscam conhecimentos voltados a atividades práticas da perícia contábil e, por isso, necessitam de informações objetivas e completas sobre o tema; e a profissionais que já atuam na área e querem conhecer detalhes da vivência e da prática no âmbito do Poder Judiciário e das empresas.

A perícia contábil vem atraindo cada vez mais a atenção dos profissionais da contabilidade. Ela é fundamental nas decisões da Justiça, que vê na auditoria e na perícia contábeis a possibilidade de chegar ao cálculo de valores corretos e ao esclarecimento de dúvidas levantadas em processos judiciais. Tais informações revelam-se de grande valia, principalmente para o sistema judiciário, quando a matéria a ser julgada exige conhecimento da contabilidade, a fim de auxiliar os magistrados a elucidar o julgamento a respeito das provas, o que exige conhecimento técnico e científico bem embasado.

No livro, abordamos também o contexto em que se insere a perícia no ambiente empresarial, os instrumentos pelos quais ela se desenvolve e como se processa sua atuação. As informações coletadas nas empresas são utilizadas nas decisões de financiamento, gestão e também para investimentos em negócios que demandam estrutura de capital com participação de terceiros.

O perito-contador, contratado pelas partes ou indicado pelo juiz para emitir laudos sobre determinado caso, é essencial para a solução de muitos tipos de litígios. O perito é, em geral, um contador regularmente registrado no Conselho Regional de Contabilidade (CRC), o qual exerce a atividade pericial de modo pessoal. Daí vem a necessidade de que seja profundo conhecedor, por sua experiência e suas qualidades, da matéria periciada. A Justiça recorre a ele quando é necessário um laudo profissional especializado ou, ainda, para atender ao pedido de uma parte envolvida em processo sob sua jurisdição.

Muitas perícias contábeis são requeridas atualmente, principalmente no que diz respeito à revisão nos cálculos de encargos financeiros, em processos contra bancos, referentes ao Sistema Financeiro Habitacional e outras questões, como *leasing* e pagamentos de condomínio. A perícia é considerada pelo direito um dos possíveis meios de prova, assim como a prova documental, a prova testemunhal e o depoimento pessoal.

O perito contábil, além da condição legal, da capacidade técnica e da idoneidade moral, tem sobre si uma grande responsabilidade, uma vez que suas afirmações podem envolver interesses e valores consideráveis, os quais podem gerar decisões judiciais importantes.

Identificamos, em nossa experiência prática na área da contabilidade, uma carência muito grande de profissionais de perícia contábil, capazes de produzir provas a serem utilizadas no âmbito do Poder Judiciário. Por isso, nos capítulos deste livro, você encontrará orientações para atuação tanto na perícia propriamente dita quanto na função de perito-contador assistente. Além de estudar vários exemplos de petições respectivas a cada tipo de trabalho e atuação, você terá contato com a estrutura de laudos e pareceres técnicos, com base em normas estabelecidas pelo Código de Processo Civil (CPC).

Na organização da obra, consideramos uma sequência didática dos assuntos propostos, que objetiva reduzir os obstáculos do processo de ensino-aprendizagem, a fim de facilitar o trabalho de docentes e de estudantes, mesmo a distância. A sequência de leitura procura mostrar a importância do papel do perito-contador, principalmente na solução de problemas relacionados a decisões judiciais.

No Capítulo 1, apresentamos os aspectos gerais da perícia contábil e seus fundamentos legais no Brasil, traçando um panorama sobre perícia e as áreas imanentes, com a descrição do percurso a ser trilhado na perícia e das personagens que participam nos procedimentos periciais. Destacamos as funções do perito e do perito-contador e tratamos de questões como meios de prova e laudo contábil, demonstrando a abrangência da perícia contábil.

No Capítulo 2, analisamos especificamente a perícia contábil e a função do perito contábil na área geral da contabilidade, buscando evidenciar a legislação e os conceitos das ciências sociais, bem como os principais elementos relativos à profissão e ao trabalho próprio do perito.

No Capítulo 3, por sua vez, tratamos dos atos de nomeação de peritos em casos específicos, bem como das recomendações legais e normativas para o procedimento pericial.

Já no Capítulo 4, construímos o percurso da perícia e delineamos os procedimentos a serem desenvolvidos *in loco*, durante sua realização.

No Capítulo 5, abordamos o resultado principal da perícia contábil, que é o laudo pericial contábil – documento final de um procedimento pericial –, englobando os requisitos de apresentação, a tipologia, o conceito de parecer e a linguagem técnica contábil.

Por fim, no Capítulo 6, destacamos os procedimentos paralelos à atuação judicial, como a mediação e a arbitragem, em seus termos próprios, como alternativas interessantes à judicialização crescente na sociedade. Ainda, apresentamos um estudo de caso que permitirá o conhecimento específico da atuação de um perito contábil e a confecção dos laudos posteriores à perícia.

Ressaltamos, porém, que esta obra não trata de assunto novo; ao contrário, a perícia contábil foi inserida formalmente no Brasil em meados de 1939, para que os juízes pudessem chegar às sentenças fundamentados também em provas geradas por seu intermédio. Portanto, os temas aqui contemplados já tiveram implantação progressiva no Brasil há várias décadas e têm sido mais discutidos a cada ano, ensejando a necessidade de profissionais com boa formação e conhecimento que possam levar a cabo tal tarefa.

# Como aproveitar ao máximo este livro

Empregamos nesta obra recursos que visam enriquecer seu aprendizado, facilitar a compreensão dos conteúdos e tornar a leitura mais dinâmica. Conheça a seguir cada uma dessas ferramentas e saiba como estão distribuídas no decorrer deste livro para bem aproveitá-las.

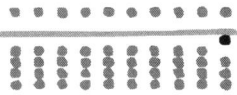

**Conteúdos do capítulo:**

Logo na abertura do capítulo, relacionamos os conteúdos que nele serão abordados.

**Após o estudo deste capítulo, você será capaz de:**

Antes de iniciarmos nossa abordagem, listamos as habilidades trabalhadas no capítulo e os conhecimentos que você assimilará no decorrer do texto.

**IMPORTANTE!**

A perícia contábil é o ápice do estágio de capacitação profissional do contador e só poderá ser exercida por pessoas devidamente capacitadas tecnicamente e especialistas em contabilidade.

## Importante!

Algumas das informações centrais para a compreensão da obra aparecem nesta seção. Aproveite para refletir sobre os conteúdos apresentados.

**PRESTE ATENÇÃO!**

O CFC estabeleceu, a partir de janeiro de 2018, para os contadores que queiram ingressar no CNPC, a necessidade de aprovação em exame específico aplicado pelo CFC, e a permanência no cadastro está condicionada à obrigatoriedade de participar do Programa de Educação Profissional Continuada.

A NBC PP 02, de 21 de outubro de 2016 (CFC, 2016a), trata do Exame de Qualificação Técnica para Perito Contábil, que tem como objetivo verificar o conhecimento técnico e as competências necessárias para que o contador possa desenvolver a atividade de perito-contador.

## Preste atenção!

Apresentamos informações complementares a respeito do assunto que está sendo tratado.

## Síntese

Ao final de cada capítulo, relacionamos as principais informações nele abordadas a fim de que você avalie as conclusões a que chegou, confirmando-as ou redefinindo-as.

## Questões para revisão

Ao realizar estas atividades, você poderá rever os principais conceitos analisados. Ao final do livro, disponibilizamos as respostas às questões para a verificação de sua aprendizagem.

---

### Síntese

A perícia contábil foi instituída no Brasil na década de 1930, com o estabelecimento e o fortalecimento dos órgãos de classe dos contadores. A partir de então, esse trabalho judicial recebeu normalização sucessiva, até o formato atual, que entrou em vigor em 2015, com a publicação do novo Código de Processo Civil (CPC) e de normas do Conselho Federal de Contabilidade (CFC), como a NBC TP 01 (R1) (CFC, 2020b), que regulamenta a perícia como atos dentro de processos, e a NBC PP 01 (R1) (CFC, 2020a), que determina a função de perito e seus atos. A perícia se fortalece, assim, como prova judicial no país.

### Questões para revisão

1. O laudo pericial contábil e o parecer pericial contábil:
   a) são ilimitados.
   b) têm por limite o saldo de contas a receber.
   c) têm por limite os próprios objetivos da perícia deferida ou contratada.
   d) são parciais e limitados.
   e) são parciais.

2. As perícias contábeis judicial e extrajudicial:
   a) podem ser exercidas, em determinadas condições, pelo técnico em contabilidade.
   b) são de competência exclusiva de contabilistas.
   c) podem ser exercidas por todos os contabilistas registrados em Conselho Regional de Contabilidade.
   d) são de competência exclusiva de contador.
   e) podem ser exercidas, em determinadas condições, pelo técnico em administração.

---

### Perguntas & respostas

1. **Como deve proceder o perito ao ver frustradas as tentativas de obter informações e provas materiais, como documentos, livros contábeis e fiscais e demais elementos de prova, diretamente com as partes envolvidas?**

   O perito judicial, quando não consegue obter, diretamente com as partes envolvidas, documentos, livros contábeis e fiscais e demais elementos de prova requisitados, deve dirigir-se ao magistrado do feito, mediante petição, requerendo que as partes sejam intimadas a apresentar a documentação solicitada diretamente em cartório para posterior exame do perito. Na petição, o perito deverá relacionar minuciosamente tudo o que deseja examinar. Quando se tratar de perícia extrajudicial, semijudicial ou arbitral, dialogará com a pessoa que o contratou para, em conjunto, examinarem alternativas de investigação por meio das quais possam atingir o objetivo do trabalho pericial.

2. **Quais são os procedimentos periciais preliminares no caso de perícia judicial?**

   Ciente de sua nomeação e dentro do prazo fixado, o perito deve se dirigir ao cartório da vara que o nomeou para tomar conhecimento do processo e fazer "carga" dele. Com os autos na mão, estando em seu escritório, deve fazer o planejamento e a organização dos trabalhos periciais e programar as diligências necessárias. Poderá escusar-se da nomeação quando a matéria objeto de perícia não for de seu conhecimento.

3. **Quais são os procedimentos preliminares no caso de perícias extrajudicial, semijudicial e arbitral?**

   No caso de perícias extrajudicial, semijudicial e arbitral, os procedimentos preliminares são, basicamente:

---

## Perguntas & respostas

Nesta seção, respondemos às dúvidas frequentes relacionadas aos conteúdos do capítulo.

*Exercícios resolvidos*

1. Indique a hipótese em que, de acordo com as Normas Brasileiras de Contabilidade (NBCs), o sigilo profissional poderá ser rompido:
    a) Depois de concluído e entregue o trabalho pericial.
    b) Quando em defesa de sua conduta profissional, autorizado pelas partes envolvidas.
    c) Quando ocorrer o desligamento do perito-contador antes de o trabalho ser concluído.
    d) Se o perito-contador for substituído pelo juiz.
    e) Se o perito-contador for substituído pelo promotor.
    Resposta: b. O Código de Defesa do Contabilista permite que o sigilo profissional seja rompido quando for necessário para defesa profissional, autorizado pelas partes envolvidas.

2. Se a perícia não for concluída no prazo determinado, o perito-contador deverá:
    a) Desistir da perícia, comunicando a decisão em audiência.
    b) Solicitar às partes, por escrito, nova data.
    c) Solicitar ao juiz, antes do prazo estabelecido para conclusão, prorrogação da sua vigência.
    d) Entregar o laudo da perícia, ainda que não concluído.
    e) Entregar o parecer técnico, ainda que não concluído.
    Resposta: c. Conforme o Código de Processo Civil (CPC), é permitido que o perito judicial solicite por escrito a prorrogação do prazo quando necessário para o término da perícia.

### Exercícios resolvidos

Nesta seção, você acompanhará passo a passo a resolução de alguns problemas complexos que envolvem os assuntos trabalhados no capítulo

*Consultando a legislação*

### Consultando a legislação

Listamos e comentamos nesta seção os documentos legais que fundamentam a área de conhecimento, o campo profissional ou os temas tratados no capítulo para você consultar a legislação e se atualizar.

Com o objetivo de alinhavar as rotinas e os procedimentos do perito-contador, elaboramos uma lista básica de consulta à legislação, a qual facilitará e norteará os trabalhos do perito-contador, possibilitando, assim, dirimir qualquer dúvida no que tange aos diretos e deveres de cada cidadão.

Para isso, indicamos a leitura dos documentos a seguir:

## Estudo de caso

Nesta seção, relatamos situações reais ou fictícias que articulam a perspectiva teórica e o contexto prático da área de conhecimento ou do campo profissional em foco com o propósito de levá-lo a analisar tais problemáticas e a buscar soluções.

### Estudo de caso

Um contador foi indicado como assistente técnico da empresa ré. O advogado telefonou-lhe e pediu que fosse até a empresa para vistoriar e comprovar se o setor no qual trabalhava o empregado autor encontrava-se próximo do tanque de bombeamento de hidrogênio líquido e aferir o grau de risco de explosão existente no local. O assistente técnico foi prontamente ao local – antes da data marcada pelo perito judicial para a diligência oficial – e recomendou a imediata mudança do setor onde trabalhava o empregado autor para outro local, distante do tanque de hidrogênio líquido. Suas recomendações foram prontamente atendidas pela gerência da fábrica.

Fonte: Alberto, 1996, p. 91.

*Fundamentos da perícia contábil no Brasil*

*I*

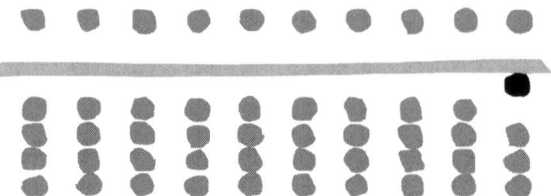

**Conteúdos do capítulo:**

- História da perícia contábil judicial no Brasil.
- O contexto da perícia.
- Diferenças entre perito e perito-contador.
- Perícia e prova legal.
- Abrangência da perícia contábil.

**Após o estudo deste capítulo, você será capaz de:**

1. compreender como a perícia contábil foi introduzida na lei brasileira;
2. definir a função de perito na profissão de contador;
3. entender a perícia e como ela se realiza;
4. perceber a amplitude da perícia no Brasil.

*A* perícia contábil não é um procedimento com longo histórico ou definido em lei há muito tempo na contabilidade brasileira. Ela se estabeleceu como meio de prova judicial apenas a partir da terceira década do século passado, quando a legislação passou a prever como e quando deveria agir o perito contábil em processos e também quem seria capaz de exercer a função.

## 1.1 História e fundamentos legais

Apesar de ter reconhecida importância ao lado das funções fundamentais que um contador exerce – que se estendem desde o registro e a escritura dos fatos contábeis, passando pela exposição e pelo registro desses fatos, até a interpretação e a análise das demonstrações resultantes –, as funções ditas *complementares*, como a administrativa (auxiliar na administração referente a inventário dos bens, orçamentos e avaliação contábil da empresa), a revisora (pela revisão dos registros já realizados) e a pericial (constituição de provas e pareceres em processos litigiosos), não tinham orientação, legal ou normalizada, até o início do século XX.

Até o início da década de 1930, não existia ainda, no Brasil, uma definição clara das atribuições requeridas daqueles que exerciam a profissão de contador, quer em empresas, quer em cargos públicos. Os contadores, por vezes chamados de *guarda-livros* ou *peritos-contadores*, não contavam com a previsão legal de suas profissões nem com a atribuição de funções específicas. Assim, a implantação da profissão foi gradual e lenta, como podemos observar na legislação de que trataremos a seguir.

A função de perito-contador foi prevista pela primeira vez para ser ensinada como um curso técnico de formação – com a mesma gradação que hoje tem o ensino técnico de nível médio – no Decreto n. 20.158, de 30 de junho de 1931 (Brasil, 1931). Curiosamente, essa lei diferencia, em seu art. 55, a função de guarda-livros da de perito-contador, sendo essa a função técnica reconhecida cujo exercício é previsto por "práticos, que já exerçam ou tenham exercido a profissão" (Brasil, 1931).

A função de contador teve sua definição mais claramente explicitada pelo Decreto-Lei n. 1.535, de 23 de agosto de 1939 (Brasil, 1939a), do presidente Getúlio Vargas. Antes do Código de Processo Civil (CPC) de 1939 – Lei n. 1.608, de 18 de setembro de 1939 (Brasil, 1939b) –, também decretado por Getúlio Vargas, não havia previsão de realização de nenhum tipo de perícia para se produzirem provas em processos judiciais no Brasil. Dessa maneira, o uso de análises científicas de materiais à disposição para a realização de provas era de alçada dos juízes. Essa situação se modificou com a previsão legal e o reconhecimento da prova pericial como válida em processos.

O CPC de 1939 previu, pela primeira vez no Brasil, o uso de provas periciais em processos judiciais: nos arts. 33, 57, 129 a 132 do Capítulo III, "Do Perito", inserido no Título IX, "Do Juiz e dos Auxiliares da Justiça", e também nos arts. 254 a 258 do Capítulo VII, "Dos exames periciais", do Título VIII, "Das provas" (Brasil, 1939b).

Entretanto, na esfera da contabilidade, não havia ainda definição legal sobre a perícia contábil até 1946, quando, com a nova Constituição promulgada, estabeleceu-se como instituto de classe o Conselho Federal de Contabilidade (CFC), pelo Decreto-Lei n. 9.295, de 27 de maio de 1946 (Brasil, 1946). Nesse Decreto-Lei se define a atribuição da perícia contábil como parte do trabalho do contador técnico de contabilidade:

> Art. 25. São considerados trabalhos técnicos de contabilidade:
> [...]
> c) perícias judiciais ou extrajudiciais, revisão de balanços e de contas em geral, verificação de haveres revisão permanente ou periódica de escritas, regulações judiciais ou extrajudiciais de avarias grossas ou comuns, assistência aos Conselhos Fiscais das sociedades anônimas e quaisquer outras atribuições de natureza técnica conferidas por lei aos profissionais de contabilidade. (Brasil, 1946)

Depois dessa época em que ocorreram as definições, houve um interregno de mais de vinte anos sem alterações extensas na legislação da profissão de contador e da função de perito contábil. Assim, só em 1973, sob a ditadura militar, foram definidas com clareza, em legislação ampla e aplicável, as normas que disciplinam a perícia judicial.

Foi com a publicação do novo CPC – Lei n. 5.869, de 11 de janeiro de 1973 (Brasil, 1973a) – que se iniciou esse processo de esclarecimento das leis em torno do assunto, posteriormente atualizado pela Lei n. 5.925, de 1º de outubro de 1973 (Brasil, 1973b), pela Lei n. 7.270, de 10 de dezembro de 1984 (Brasil, 1984), e pela Lei n. 8.455, de 24 de agosto de 1992 (Brasil, 1992). Os assuntos relativos à perícia contábil são tratados em muitos artigos do CPC de 1973, os quais definem um painel bem geral da profissão, das responsabilidades e das sanções, além de tratar especificamente das provas periciais em sua Seção VII, "Da prova pericial".

As atualizações de 1973, 1984 e 1992 alteraram em alguns aspectos a legislação geral do CPC de 1973: foi dada nova redação a dezenas de artigos do Código; foram redefinidos os requisitos para a função pericial em assistência à função de juiz e para a realização de prova processual, no art. 145 da Lei n. 7.270/1984; e foram alterados os dispositivos referentes à prova pericial na Lei n. 8.455/1992. Todas essas leis serão esmiuçadas mais adiante.

A legislação atualmente vigente é ainda fundamentada nessas leis e normalizada basicamente pelas resoluções do CFC. Nesse âmbito, vigoram especificamente as normas NBC PP 01, publicada como Resolução CFC n. 1.244, de 10 de dezembro de 2009 (CFC, 2009c), a qual define a função de perito contábil e os procedimentos de um contador quando atua como tal; e NBC TP 01, de 24 de janeiro de 2014 (CFC, 2015b), alterada em 2015, que define a perícia contábil quanto a seus critérios e procedimentos técnicos – em 2020, passou a ser chamada de *NBC TP 01 (R1)* (CFC, 2020b).

Em 19 de fevereiro de 2016, por meio da Resolução CFC n. 1.502 (CFC, 2016b), alterada pela Resolução CFC n. 1.513, de 21 outubro de 2016 (CFC, 2016c), foi criado o Cadastro Nacional de Peritos Contábeis (CNPC). O CFC estabeleceu a data de 31 de dezembro de 2017 para que os profissionais fizessem os respectivos cadastros, os quais se efetivam por meio dos portais dos Conselhos Regionais de Contabilidade (CRCs) e do próprio CFC.

> **PRESTE ATENÇÃO!**
>
> O CFC estabeleceu, a partir de janeiro de 2018, para os contadores que queiram ingressar no CNPC, a necessidade de aprovação em exame específico aplicado pelo CFC, e a permanência no cadastro está condicionada à obrigatoriedade de participar do Programa de Educação Profissional Continuada.
>
> A NBC PP 02, de 21 de outubro de 2016 (CFC, 2016a), trata do Exame de Qualificação Técnica para Perito Contábil, que tem como objetivo verificar o conhecimento técnico e as competências necessárias para que o contador possa desenvolver a atividade de perito-contador.

## 1.2 Contextualização

A contabilidade é uma ciência que se dedica a estudos e métodos de controle sobre o patrimônio de empresas. Para isso, ela cria mecanismos de registro e controle das entradas e saídas de recursos, sejam financeiros, sejam aziendais (em bens) e do patrimônio imobilizado que a empresa detém.

No processo de se estudar e controlar o patrimônio estável e variável da organização, são produzidas informações no decorrer das apurações de fatos relevantes, os quais representam a composição, a variação e a modificação no patrimônio das empresas. A contabilidade profissional que ocorre nas empresas visa organizar essa parte mais conhecida dos estudos do patrimônio. Contudo, mesmo quando mantido sob rigoroso controle e registro, por vezes são levantadas dúvidas sobre a própria composição do patrimônio ou apenas são necessárias conferências periódicas ou pontuais sobre os registros.

É nesse ponto que se concentra a atuação do perito contábil e também do auditor contábil. Havendo questionamento judicial ou extrajudicial sobre qualquer ponto em registros contábeis ou a necessidade de confirmar dados contabilizados em juízo, segundo a NBC TP 01 (R1):

> 2. A perícia contábil é o conjunto de procedimentos técnico-científicos destinados a levar à instância decisória elementos de prova necessários a subsidiar a justa solução do litígio ou constatação de fato, mediante laudo pericial contábil e/ou parecer pericial contábil, em conformidade com as normas jurídicas e profissionais e com a legislação específica no que for pertinente. (CFC, 2020b, p. 2)

Assim, a finalidade da perícia contábil é esclarecer aspectos técnicos de contabilidade envolvidos em questionamento judicial, extrajudicial ou mesmo sujeito à arbitragem, por meio de "exame, vistoria, indagação, investigação, arbitramento, avaliação ou certificação" dos procedimentos e relatórios contábeis disponíveis (CFC, 2020b, p. 5).

## 1.3 Conceitos e definições

A seguir, vamos debater brevemente, apenas para fixar algumas ideias, alguns dos conceitos envolvidos na perícia judicial, com o objetivo de nos preparamos para esmiuçar, mais adiante, o que dizem as normas técnicas da área e também para diferenciarmos a prática da perícia contábil da contabilidade comum.

**Perito e perito-contador**

Muitas vezes, em questões que geram dúvidas ou em processos judiciais, é exigida a opinião ou a análise abalizada de um profissional especialista para dirimir as incertezas e hesitações que surgem no decorrer das investigações. Para essa função específica de emitir laudos e pareceres concernentes a uma demanda específica, é determinado por lei que seja nomeado um perito judicial, profissional reconhecido na área de atuação e com bastante experiência para interpretar adequadamente os dados disponíveis e investigados.

Por apresentar uma definição mais genérica que a função de perito-contador, a descrição de perito judicial pode ser solicitada em áreas tão diferentes quanto a medicina legal forense, a arquitetura, a grafologia e a fonética linguística. Havendo necessidade, o profissional é então nomeado e se responsabiliza por emitir seus relatórios, conforme a necessidade, pareceres, laudos ou notas técnicas sobre o assunto em questão.

O perito judicial é, então, segundo definição do *site* da Associação dos Peritos Judiciais do Estado de São Paulo (Apejesp, 2022), "um profissional de área ou atuação específica que possui determinadas aptidões a mais do que outro profissional, ou seja, tem técnica ou conhecimento, que o torna um *'expert'* no assunto. O perito tem aptidões de especialista, capaz de trazer a prova verdadeira de qualquer fato".

Essas funções são definidas nacionalmente por meio de normas gerais para a perícia, como as determinadas por resoluções do CFC ou dos CRCs, de que são exemplos a Norma Profissional do Perito[1] e a Norma Técnica de Perícia Contábil[2]; e de leis, como o CPC (Brasil, 2015) e o Código Civil[3].

Por vezes, há necessidade de participação de especialista da área específica da contabilidade para avaliar os registros e as demonstrações patrimoniais de empresas. Para tanto, é nomeado um perito-contador. Um exemplo bastante claro em que houve interferência da perícia contábil é o caso do balanço auditado da Petrobras, em 2015, o qual só foi validado após a auditoria da consultoria contábil responsável publicar, com atraso (apenas em maio de 2015), a revisão do balanço da empresa de 2014, pela exigência de enquadramento de operações não contabilizadas até então.

Assim, a função de perito-contador se diferencia da de contador, embora tenha como base a formação do profissional nessa área. Não basta ser um contador para ser nomeado perito ou indicado como tal. São necessários *expertise* e reconhecimento em sua área de atuação.

---

1 NBC PP 01 (R1), de 19 de março de 2020 (CFC, 2020a).
2 NBC TP 01 (R1) (CFC, 2020b).
3 Lei n. 10.406, de 10 de janeiro de 2002 (Brasil, 2002b).

Para ser um perito-contador, é essencial conhecer com detalhes os fundamentos da perícia, a abrangência da perícia contábil, a atuação no campo jurídico, as provas e normas profissionais que envolvem o processo de perícia, além dos impedimentos legais e técnicos nos levantamentos de dados.

Trata-se de estabelecer uma relação ética e profissional e se identificar com as responsabilidades civil e criminal que envolvem o desempenho da função, para então realizar os procedimentos padronizados de acordo com as normas brasileiras de contabilidade, assumir uma postura de perito-contador diante das provas e se tornar um profissional capaz de atuar com o fim de produzir provas periciais mediante pareceres ou relatórios.

Mais adiante, vamos demonstrar como são feitas as escolhas e a nomeação dos peritos judiciais e do assistente técnico e quais as competências básicas e necessárias para um profissional atuar como perito-contador ou, ainda, como perito-contador assistente, com base nas normas que determinam essas funções e esses procedimentos.

A norma que define a função e embasa os procedimentos do perito contábil no Brasil é a NBC PP 01 (R1), a qual debateremos mais detalhadamente no Capítulo 2. Essa norma determina os princípios para o contador incumbido dessa função.

A atuação do contador está prevista no Decreto-Lei n. 9.295/1946 e a do perito, na Resolução CFC n. 560, de 28 de outubro de 1983 (CFC, 1983), que dispõe sobre as prerrogativas do contabilista. O art. 2º menciona que:

> Art. 2º O contabilista pode exercer as suas atividades na condição de profissional liberal ou autônomo, de empregado regido pela CLT, de servidor público, de militar, de sócio de qualquer tipo de sociedade, de diretor ou de conselheiro de quaisquer entidades, ou, em qualquer outra situação jurídica definida pela legislação, exercendo qualquer tipo de função.
>
> Essas funções poderão ser as de: analista, assessor, assistente, auditor, interno e externo, conselheiro, consultor, controlador

de arrecadação, "controller", educador, escritor ou articulista técnico, escriturador contábil ou fiscal, executor subordinado, fiscal de tributos, legislador, organizador, perito, pesquisador, planejador, professor ou conferencista, redator, revisor. (CFC, 1983)

De acordo com Moura (2021, p. 8),

> Uma perícia contábil, por exemplo, não pode ser levada a cabo por um engenheiro, assim como um contador não pode, por exemplo, executar uma perícia para explicar as razões pelas quais um edifício possa ter desabado. É verdade que um leigo que possa ter presenciado o evento, sempre pode ser útil. Nesse caso será arrolado como testemunha, mas não como perito. Por outro lado, o perito não precisa ser necessariamente uma pessoa douta ou portadora de títulos extraordinários. Mas seja como for, sempre deverá ter domínio pleno sobre o campo do qual deverá emitir opinião, […] que servirá como um dos elementos auxiliares de ajuizamento da questão em pendência ou andamento.

O mesmo profissional contador pode desempenhar a função de perito-contador assistente, citada na norma NBC TP 01 (R1) (CFC, 2020b), que regulamenta a perícia contábil como um todo. A função é basicamente a mesma do perito-contador, porém o profissional é indicado por uma das partes, não sendo nomeado por juiz ou árbitro, e o documento que ele emite é chamado de *parecer contábil*. O perito-contador assistente é, desse modo, o profissional que, após a nomeação do perito pelo juiz, é indicado como assistente técnico para emitir parecer sobre a matéria tratada no laudo pericial contábil.

### Perícia em geral e perícia contábil

Podemos entender a perícia, de modo geral, como a análise técnica ou científica de algum fato ou situação relacionado a coisas ou pessoas em um processo legal, com o fim de determinar, de modo inequívoco, orientações para a definição legal de um árbitro ou juiz sobre esse fato ou situação, visando à decisão no processo.

Para Moura (2021, p. 12),

> A perícia contábil é o julgamento de procedimentos técnico-científicos destinados a levar à instância decisória elementos de prova necessários a subsidiar a justa solução do litígio ou constatação de fato, mediante laudo pericial contábil e/ou parecer pericial-contábil, em conformidade com as normas jurídicas e profissionais e com a legislação específica no que for pertinente.

A prova pericial se adiciona a outras provas, em geral de outros tipos, como a testemunhal e a documental, para auxiliar na decisão sobre o que estiver em litígio. No momento que o juiz – sendo ele de tribunal ou vara, um árbitro de mediações ou um requerente extrajudicial – precisar da análise de elementos contábeis para ajudar na resolução de suas questões, é analisada a necessidade da prova pericial contábil.

Esse tipo de perícia é citado pelo Código Civil (Brasil, 2002b), em seus arts. 212 e 232, bem como as diversas situações em que o perito profissional pode ser requerido – arts. 206, 497, 1.117, 1.120 (parágrafo 1º) e 1.329.

O CPC de 2015, em seu art. 156, define claramente a necessidade da perícia:

> Art. 156. O juiz será assistido por perito quando a prova do fato depender de conhecimento técnico ou científico.
> § 1º Os peritos serão nomeados entre os profissionais legalmente habilitados e os órgãos técnicos ou científicos devidamente inscritos em cadastro mantido pelo tribunal ao qual o juiz está vinculado. (Brasil, 2015)

Nesse contexto, sobre o perito, esse mesmo diploma legal explicita em seu art. 157:

Art. 157. O perito tem o dever de cumprir o ofício no prazo que lhe designar o juiz, empregando toda sua diligência, podendo escusar-se do encargo alegando motivo legítimo.

§ 1º A escusa será apresentada no prazo de 15 (quinze) dias, contado da intimação, da suspeição ou do impedimento supervenientes, sob pena de renúncia ao direito a alegá-la. (Brasil, 2015)

Como observamos anteriormente, a perícia contábil é uma das funções complementares da contabilidade propriamente dita e se dedica a verificar, geralmente por solicitação de juízo, a veracidade e a legalidade dos registros contábeis já realizados por uma empresa. É uma modalidade auxiliar à Justiça e deve ser exercida por profissional competente e reconhecido.

A perícia contábil, quando feita como atribuição auxiliar para o Judiciário, é considerada um dos tipos de provas técnicas e objetiva ajudar na solução de dúvidas em áreas alheias ao direito. Trata-se de um serviço prestado pelo contador na função de perito com vistas a auxiliar os tomadores de decisão já citados: juízes, árbitros e mediadores.

Vejamos como alguns autores da área definem a perícia contábil no âmbito do processo judicial como meio de prova.

Na definição de Peleias et al. (2011, p. 80), a perícia contábil

> é um meio de prova à disposição dos que dela necessitam, nas esferas judicial e extrajudicial (nesta incluído o juízo arbitral), para a solução de controvérsias de natureza técnica e científica sobre questões relativas ao patrimônio de pessoas e sociedades. É um serviço prestado pelo contador, na função de perito contábil, para auxiliar os tomadores de decisões: os juízes federais e estaduais e os membros dos tribunais arbitrais. A realização do exame pericial contábil requer elementos de prova obtidos no sistema contábil das entidades. Quanto mais organizada e atualizada a contabilidade, melhores serão os resultados do exame pericial.

Por outro lado, também pode haver a solicitação de perícia em ambiente externo aos fóruns e tribunais, embora seja menos comum. A perícia extrajudicial é aquela realizada fora do judiciário com o objetivo de demonstrar as verdadeiras circunstâncias de uma pessoa física ou jurídica atuando de determinada maneira. Ferreira (2014) defende que a perícia extrajudicial pode suscitar questões decisivas, exigindo a contratação de um perito que entenda as questões relevantes sem recorrer a recursos judiciais e arbitrais. Segundo Cantil (2013), o procedimento pericial extrajudicial não depende do Judiciário, necessitando apenas de assessoria técnica de peritos para solucionar os fatos controvertidos de maneira mais flexível e sem muita burocracia. Ferreira (2014) acrescenta que a perícia extrajudicial é pensada para atender às necessidades de quem a emprega e pode ser vista como necessária, discriminatória, exemplar ou probatória, sempre buscando esclarecer os interesses das partes.

A perícia extrajudicial é um tipo de perícia realizada fora do ambiente judicial, ou seja, sem a necessidade de um processo judicial. Esse tipo de perícia é geralmente solicitado por empresas, pessoas físicas, órgãos públicos ou entidades privadas para resolver questões contábeis de maneira consensual, de modo a se evitar litígios judiciais (Moura, 2021).

A realização da perícia contábil requer elementos de prova necessários, que podem ser encontrados no sistema contábil das organizações. De acordo com Henrique (2008), "quanto mais organizada e atualizada a contabilidade de uma empresa, melhores serão os resultados apresentados pelo trabalho pericial". Sobre isso, Ornelas (2018, p. 15) afirma que

> o estudo da perícia contábil permite avaliar a própria ciência contábil, à medida que se entende o sistema contábil como o melhor banco de dados sobre as atividades das organizações. Consequentemente, o sistema contábil seria um dos melhores

instrumentos de prova de fatos econômico-financeiros, quantificáveis monetariamente.

A perícia contábil sempre deve responder a alguns requisitos apresentados pela autoridade ao profissional que a realiza. Esses requisitos são compostos pelo "conjunto de procedimentos técnicos e científicos destinados a levar à instância decisória elementos de prova necessários a subsidiar a justa solução do litígio, mediante laudo pericial contábil, em conformidade com as normas jurídicas e profissionais" e a legislação específica no que for pertinente (CFC, 2020b, p. 2).

É necessário para os litigantes em processo judicial ou arbitral dar importância e constatar a necessidade de solicitação e utilização da perícia, materializada em laudos ou pareceres, atestando em favor ou contra alguma das partes. É sobre esse assunto que se pronuncia Ornelas (2018, p. 24):

> A prova pericial contábil é um dos meios que as pessoas naturais e jurídicas têm a sua disposição, garantido constitucionalmente, de se defenderem ou exigirem direitos nas mais variadas situações econômicas e sociais. Trata-se do direito de o cidadão defender-se, e uma das formas de exercitá-lo é por meio da prova técnica, ou seja, a pericial que, em nossa área científica, é a contábil.

A Lei n. 10.406/2002 (Código Civil) fortaleceu ainda mais o papel da contabilidade e da perícia contábil na sociedade brasileira. Como afirma Pastori (2007), especificamente sobre esta matéria, "os artigos de n. 1.190 a 1.192 tratam de conteúdos bastante relacionados com a perícia contábil".

Para Moura (2021, p. 5), a função da prova pericial perante o Judiciário é conforme exposto a seguir:

> Através da prova pericial, escolhem-se percepções e fazem-se apreciações, "não só para a direta demonstração ou constatação dos fatos que interessam à lide, das causas ou consequências

desses fatos, como também para o esclarecimento dos mesmos. O verbo verificar abrange as funções do perito: verificar é provar a verdade de alguma coisa; é examinar a verdade da coisa; é investigar a verdade; é averiguar; é achar o que é exato" é o que nos ensina Moacir Amaral Santos.

O CPC de 2015 trata a perícia contábil como um de seus principais modos de prova, distinta dos demais por ter a robustez dos elementos científicos que a condicionam. Tal Código destaca esse meio de prova dos outros e orienta os procedimentos do magistrado e do perito nomeado para os trabalhos periciais (em seus arts. 464 a 480). Já Nascimento e Nascimento (2003, p. 72) indicam as diversas etapas de realização da perícia contábil, o denominado *rito da prova pericial*.

Finalmente, há a definição de Alberto (1996, p. 36), na qual o autor resume os objetivos específicos da perícia contábil:

(a) a informação fidedigna;
(b) a certificação, o exame e a análise do estado circunstancial do objeto;
(c) o esclarecimento e a eliminação das dúvidas suscitadas sobre o objeto;
(d) o fundamento científico da decisão;
(e) a formulação de uma opinião ou juízo técnico;
(f) a mensuração, a análise, a avaliação ou o arbitramento sobre o quantum monetário do objeto;
(g) trazer à luz o que está oculto por inexatidão, erro, inverdade, má-fé, astúcia ou fraude.

São essas as metas perseguidas por quem realiza uma análise pericial de registros contábeis, que devem ficar claramente expressas nos resultados apontados nos laudos ou pareceres.

**Perícia como meio de prova**

A análise contábil pericial serve como meio de prova nos processos judiciais. Esse uso é previsto na legislação, desde o Código Civil de 2002 até as normas técnicas para a realização de perícias judiciais e as normas do CFC para as perícias contábeis.

Há dois momentos principais no decorrer do processo judicial para a apresentação de provas: as fases de instrução e de liquidação. Nessas fases é que pode ser requerida a manifestação técnica e profissional de peritos.

A instrução processual ocorre na primeira instância e nela se apresentam, nos autos, as provas, sejam técnicas, sejam documentais ou testemunhais, necessárias à convalidação das alegações oferecidas, transformando-as ou não em certeza jurídica. Após essa coleta de provas, o juiz forma sua opinião sobre a matéria técnica em discussão e subsidia sua decisão.

A fase de liquidação é posterior à da decisão em sentença e pode ocorrer por arbitramento ou por artigos. As condições para essa fase foram estabelecidas nos arts. 475-A a 475-H do CPC (Brasil, 2015).

Nessa fase, que é um ato de execução de sentença, o objetivo é calcular a quantidade certa do valor da condenação. Assim, se julgar necessário e o cálculo aritmético do valor não for proposto pelo credor, o juiz pode concluir por arbitramento entre as partes ou pelo cálculo pericial, que deve ser apresentado por perito com conhecimento técnico. O cálculo por artigos é feito quando, para apurar o valor da condenação, é necessário alegar e provar fato novo.

Ocorre que, seja na instrução, seja na liquidação de sentença, é uma característica da perícia contábil a requisição formal, sempre determinada em processo pelo juiz, pois ela é sempre fruto de conflito de interesses com relação a um direito pleiteado ou infringido por alguma das partes.

**Laudo pericial e parecer contábil**

Quando são identificadas a necessidade e a importância, nos trâmites de um processo, de manifestação técnica de perito profissional, busca-se sua interferência para emitir documentos qualificados a fim de orientar a decisão e a sentença. Para tanto, o perito é cuidadosamente escolhido entre os tecnicamente hábeis, conhecedores das leis e normas contábeis, e que, além disso, dominem a matéria que é objeto da contenda.

Como ensina Moura (2021), o "Laudo pericial contábil é documento escrito, que deve registrar, de forma abrangente, o conteúdo da perícia e particularizar os aspectos e as minudências que envolvam o seu objeto e as buscas de elementos de prova necessária para a conclusão do seu resultado".

A NBC T 13.6, de 26 de agosto de 2005 (CFC, 2005a, tópico 13.6.1.2), define *laudo pericial contábil* como "uma peça escrita, na qual o perito-contador deve visualizar, de forma abrangente, o conteúdo da perícia e particularizar os aspectos e as minudências que envolvam a demanda".

A prestação do serviço do perito-contador materializa-se com a entrega do laudo pericial contábil. Tanto no rito processual quanto no rito arbitral há o pressuposto de que as partes se manifestem sobre o laudo emitido; dessa maneira, o perito pode esclarecer as dúvidas sobre seu trabalho.

Para Ornelas (2003, p. 93), "o laudo é a materialização do trabalho realizado pelo perito, sendo a própria prova pericial". Um pouco adiante, o autor complementa: "como trabalho técnico juntado aos autos do processo, o laudo pericial contábil é a própria prova pericial sobre a qual as partes irão oferecer seus comentários, aceitando-o, criticando-o" (Ornelas, 2003, p. 94).

O laudo pericial, ao ser apresentado, deve cumprir certos requisitos e desempenha um papel específico no processo judicial. Sobre esse assunto, Gomes, Santos e Schmidt (2006, p. 65) afirmam:

> O laudo deve ser escrito, assinado e rubricado, pois se trata de peça formal juntada aos autos do processo. Em relação aos seus objetivos, a perícia em si mesma é um fim; todavia, no aspecto processual, é um meio utilizado pelo julgador para nortear suas convicções. Assim, o laudo pericial é uma peça

do processo esclarecedora sobre fatos científicos sobre os quais o juiz não domina a matéria.

O laudo pericial é composto de respostas a quesitos previamente formulados pela autoridade solicitante, os quais devem ser inicialmente respondidos, em forma de "sim" ou "não", e, em seguida, embasadas as razões que levaram a tais conclusões – afirmativas ou negativas –, sempre explicadas de modo científico.

A extensão daquilo que é apresentado permite inferir que a realização da perícia contábil deve seguir um ciclo, desde o deferimento de sua realização até a entrega do laudo ou da oferta de esclarecimentos pelo perito. Todo laudo deve ser datado e assinado pessoalmente pelo perito-contador, com toda a formalidade requerida, e posteriormente encaminhado via petição, quando judicial ou arbitral, ou por carta protocolada ou meio que comprove a entrega, quando extrajudicial.

O parecer judicial, por sua vez, é um documento que tem origem em perícia contábil solicitada por uma parte, que indica e contrata um perito-contador assistente e é de iniciativa privativa dessa parte. Desse modo, é um documento exarado por pedido expresso da parte e elaborado pelo perito-contador assistente.

**Abrangência da perícia contábil**

Para definir *abrangência da perícia contábil*, recorremos a algumas concepções apresentadas em artigo pelo professor Remo Dalla Zanna (2012a), do qual apresentamos uma leitura a seguir.

A perícia contábil tem sua plena e total aplicação nos casos de recuperação judicial e falências, inclusive porque, nesses casos, a não existência de escrituração contábil em conformidade com a Lei Comercial implica crime falimentar, imputando-se, ao criminoso, a quebra de sua empresa e pena de prisão.

Quanto ao perito contábil, sua capacitação, mormente na Justiça Cível, é eclética. Ele deve entender de contabilidade como qualquer outro profissional da área, bem como de administração, de impostos diretos e indiretos, de investigação documental, de direito aplicado, de direito comercial e societário, de economia, de finanças e de fraudes operacionais.

O perito-contador sabe, de pronto, que toda ação levada à Justiça, de natureza econômica, tributária, financeira, previdenciária, trabalhista etc., decorre de suspeita e/ou indício que necessita ser desvendado – e, para tal, requer a produção da prova pericial contábil.

O contador devidamente registrado no CRC, quando é nomeado pelo juiz de direito para auxiliar na demanda judicial para produzir prova técnica pericial, tem a oportunidade de contribuir para uma sociedade mais justa com a liberdade profissional, obviamente respeitando as normas pertinentes à elaboração do trabalho ao qual foi nomeado.

**IMPORTANTE!**

A perícia contábil é o ápice do estágio de capacitação profissional do contador e só poderá ser exercida por pessoas devidamente capacitadas tecnicamente e especialistas em contabilidade.

O exercício da perícia contábil é uma responsabilidade pessoal e intransferível. É por meio dessa atividade que o profissional pode alcançar o máximo grau de liberdade e autonomia profissional.

Os honorários do perito são arbitrados pelo magistrado e pagos no próprio processo judicial. Não são pagos diretamente ao profissional nomeado, pois quem faz o pagamento é a parte a quem cabe tal ônus. Na realidade, ao perito judicial não interessa quem paga pelos seus serviços, uma vez que ele não trabalha para nenhuma das partes, mas para o juiz que o nomeou. Assim, o vínculo do perito judicial é com a Justiça, e não com as pessoas que divergem ou pelejam nos autos de um processo judicial.

## Síntese

A perícia contábil foi instituída no Brasil na década de 1930, com o estabelecimento e o fortalecimento dos órgãos de classe dos contadores. A partir de então, esse trabalho judicial recebeu normalização sucessiva, até o formato atual, que entrou em vigor em 2015, com a publicação do novo Código de Processo Civil (CPC) e de normas do Conselho Federal de Contabilidade (CFC), como a NBC TP 01 (R1) (CFC, 2020b), que regulamenta a perícia como atos dentro de processos, e a NBC PP 01 (R1) (CFC, 2020a), que determina a função de perito e seus atos. A perícia se fortalece, assim, como prova judicial no país.

## Questões para revisão

1. O laudo pericial contábil e o parecer pericial contábil:
   a) são ilimitados.
   b) têm por limite o saldo de contas a receber.
   c) têm por limite os próprios objetivos da perícia deferida ou contratada.
   d) são parciais e limitados.
   e) são parciais.

2. As perícias contábeis judicial e extrajudicial:
   a) podem ser exercidas, em determinadas condições, pelo técnico em contabilidade.
   b) são de competência exclusiva de contabilistas.
   c) podem ser exercidas por todos os contabilistas registrados em Conselho Regional de Contabilidade.
   d) são de competência exclusiva de contador.
   e) podem ser exercidas, em determinadas condições, pelo técnico em administração.

3. Quando há impossibilidade no cumprimento do prazo para a realização da perícia, deve-se:
   a) abdicar da perícia.
   b) depois de vencido o prazo, requerer prazo suplementar, sempre por escrito.
   c) antes de vencido o prazo, requerer prazo suplementar, sempre por escrito.
   d) aguardar ordem do juiz.
   e) aguardar ordem do promotor.

4. Das espécies de perícia contábil, assinale a que é realizada por necessidade e escolha de entes físicos e jurídicos particulares/privados:
   a) Perícia judicial.
   b) Perícia extrajudicial.
   c) Perícia semijudicial.
   d) Perícia particular.
   e) Perícia pública.

5. A indicação do assistente técnico é feita:
   a) pelo juiz.
   b) pelas partes.
   c) pelo perito contábil.
   d) pelo empresário.
   e) pelo sócio.

## Perguntas & respostas

**1. A perícia contábil versa sobre todas as operações da entidade ou sobre fatos contábeis específicos, identificados e questionados nos autos de um processo judicial? E no caso de perícia extrajudicial?**

Em regra, a perícia contábil aborda fatos e atos administrativos específicos, com reflexo nos registros contábeis. Isso decorre de as próprias questões levadas a juízo serem sobre determinados pontos claramente identificados nos autos do processo. Mas pode ocorrer, em certos casos, a necessidade de se realizar uma ampla investigação contábil na entidade objeto de perícia. Mesmo assim, sempre haverá uma delimitação do tempo a ser periciado, ou seja, as partes que se confrontam ou o próprio magistrado têm de indicar a partir de quando e até quando o exame pericial deve ser feito. Quanto à segunda parte da pergunta, os casos de perícia extrajudicial seguem, *mutatis mutandi*, o mesmo critério, ou seja: as partes, ao contratarem os serviços do perito-contador, estabelecerão o que querem que seja examinado e o período abarcado pelo trabalho do profissional.

2. **Qual é a finalidade das Normas Brasileiras de Contabilidade (NBCs)? Quais tratam da perícia contábil e do perito-contador?**

   A finalidade das NBCs é padronizar os procedimentos contábeis e dar-lhes uma configuração teórica e prática única a fim de que os profissionais sejam orientados a atuar de maneira uniforme em todo o território nacional. A NBC que trata da perícia é a TP 01 e a que diz respeito à pessoa do perito-contador é a PP 01. Ambas conceituam a perícia contábil, definem as qualidades técnicas pessoais e profissionais do perito-contador, ensinam como planejar e executar o trabalho pericial e informam como o perito deve agir para receber os honorários que remuneram o seu trabalho.

3. **O que é perito-contador e qual a sua responsabilidade na execução do trabalho pericial?**

   Perito-contador é o profissional de contabilidade, de nível superior, nomeado pelo juiz para produzir a prova pericial contábil requerida no processo. Pode ser também aquele profissional que, escolhido pelas partes que têm interesse em um trabalho pericial extrajudicial ou arbitral, é contratado para tal tarefa. Sua responsabilidade técnica está circunscrita à matéria objeto de exame. A responsabilidade pelo trabalho é pessoal e exclusiva. Responde, se for o caso, civil e criminalmente se causar lesão material (prejuízo) ou moral a qualquer uma das partes. É defeso ao perito de contabilidade manifestar-se sobre tema não contábil.

4. **Quais são as provas periciais possíveis segundo o Código de Processo Civil (CPC)? Comente cada uma.**

Exame pericial – No caso de perícia contábil, consiste no exame de livros, documentos e contratos e na verificação de cálculos e demais atos praticados pela pessoa jurídica ou pela pessoa física envolvida no processo. Esse é o caso mais comum para se requerer uma perícia contábil.

Vistoria pericial – Trata-se de verificar *in loco* a situação de alguma coisa, de algum bem (geralmente imóveis, máquinas e estoques). Esse tipo de perícia raramente é solicitado a um contador.

Arbitramento – Trata-se de estimar o valor de bens e/ou de direitos. Nesse caso, quando ocorre a ausência de contabilidade idônea que torne possível conhecer o valor de bens e direitos, passa-se ao arbitramento, ou seja, fixa-se o valor da coisa ou do direito com base em critério técnico. Esse critério pode ser uma pesquisa de preços, uma pesquisa de mercado ou outro tipo de trabalho que fundamente o valor arbitrado. Nos casos de arbitramento, devem ser considerados os aspectos quantitativo e qualitativo do objeto ou do direito cujo valor será fixado pelo perito. O CPC trata do arbitramento no Livro II – "Do processo de execução", Título I – "Da execução em geral", Capítulo VI – "Da liquidação da sentença", arts. 606 e 607.

Avaliação – Há situações em que a avaliação se confunde com o arbitramento. Na prática jurídica, o termo *avaliação* tem sido utilizado, preferencialmente, para atribuir valor ao rol de bens constantes em um processo de inventário ou em processo de execução de dívida vencida, em que o credor pretende entrar na posse de bens dados em garantia na forma de penhora (geralmente estoques de mercadorias). No final, tem-se que, na prática, para que o valor de um bem seja arbitrado, deve-se proceder ao seu exame e à sua avaliação.

## 5. Quais são os procedimentos conjuntos mais comuns para a produção de uma prova pericial contábil?

Um ou vários procedimentos periciais podem ser necessários para confeccionar uma prova pericial contábil completa. Os procedimentos conjuntos mais comuns são: (i) o exame de livros e documentos; (ii) a indagação a respeito de operações contabilizadas ou não contabilizadas; (iii) a investigação, que muito se assemelha a uma reconciliação de contas; (iv) a vistoria de coisas (estoques e bens do imobilizado), documentos e livros; (v) o arbitramento de valores por critérios técnicos (critérios contábeis, financeiros e econômicos); (vi) a mensuração dos fatos modificadores do patrimônio (Balanço Patrimonial – BP, Demonstração de Resultados do Exercício – DRE e Declaração do Imposto de Renda da Pessoa Jurídica optante pelo regime de lucro real); (vii) a avaliação de bens, direitos e obrigações; e (viii) a certificação de originais e de cópias de livros e documentos, os quais serão utilizados como apensos ao laudo pericial contábil e servirão para fundamentar as respostas aos quesitos e às conclusões do perito.

## 6. Qual a diferença entre perito judicial, perito-contador e contador?

O perito judicial é, segundo definição do *site* da Associação dos Peritos Judiciais do Estado de São Paulo (Apejesp, 2022), "um profissional de área ou atuação específica que possui determinadas aptidões a mais do que outro profissional, ou seja, tem técnica ou conhecimento, que o torna um *'expert'* no assunto. O perito tem aptidões de especialista, capaz de trazer a prova verdadeira de qualquer fato". Já o perito-contador é determinado por nomeação da Justiça quando há necessidade de manifestação de especialista na área específica da contabilidade sobre os registros e demonstrações patrimoniais de empresas.

Assim, a função de perito-contador se diferencia da de contador, porém tem como base a formação do profissional nessa área. Não basta ser um contador para ser nomeado perito ou indicado como tal: são necessários *expertise* e reconhecimento em sua área de atuação.

Para ser um perito-contador, é essencial conhecer com detalhes os fundamentos da perícia, a abrangência da perícia contábil, a atuação no campo jurídico, as provas e as normas profissionais que envolvem o processo de perícia e os impedimentos legais e técnicos em levantamentos de dados. Trata-se de estabelecer uma relação ética e profissional e se identificar com as responsabilidades civil e criminal que envolvem o desempenho da função, para então realizar os procedimentos padronizados de acordo com as Normas Brasileiras de Contabilidade (NBCs), assumir uma postura de perito-contador diante das provas e tornar-se um profissional capaz de atuar com o objetivo de produzir provas periciais, mediante pareceres ou relatório[7].

## 7. Como diferenciar a perícia em geral da perícia contábil?

A perícia, de modo geral, é a análise técnica ou científica de algum fato ou situação relacionado a coisas ou pessoas em um processo legal, com o fim de determinar, de modo inequívoco, orientações para a definição legal de um árbitro ou juiz sobre esse fato ou situação visando à decisão no processo. A perícia contábil, por sua vez, é uma das funções complementares da contabilidade propriamente dita e se dedica a verificar, geralmente por solicitação de juízo, a veracidade e a legalidade dos registros contábeis já realizados por uma empresa. É uma modalidade auxiliar à Justiça e deve ser exercida por profissional competente e reconhecido.

A perícia contábil, quando feita como atribuição auxiliar para o Judiciário, é um dos tipos de provas técnicas e objetiva ajudar na solução de dúvidas em áreas alheias ao direito. Trata-se de um serviço prestado pelo contador na função de perito com vistas a auxiliar os tomadores de decisão: juízes, árbitros e mediadore[8].

## 8. O que é laudo pericial contábil e parecer contábil?

Como ensina Sá (2015), o "laudo pericial contábil deve ser a manifestação de opinião técnica e científica sobre a realidade objetiva patrimonial perante questões formuladas com o escopo de esclarecer dúvidas". O Conselho Federal de Contabilidade (CFC, 2005a, tópico 13.6.1.2) define o laudo pericial contábil como "uma peça escrita, na qual o perito-contador deve visualizar, de forma abrangente, o conteúdo da perícia e particularizar os aspectos e as minudências que envolvam a demanda". A prestação do serviço do perito-contador materializa-se com a entrega do laudo pericial contábil.

O parecer contábil, por sua vez, é um documento que tem origem em perícia contábil solicitada por uma parte, que indica e contrata um perito-contador assistente e é de iniciativa privativa dessa parte. Desse modo, é um documento exarado por pedido expresso da parte e elaborado pelo perito-contador assistente.

# A perícia e seus fundamentos legais

## 2

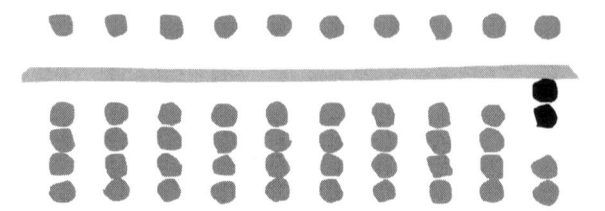

**Conteúdos do capítulo:**

- Prova judicial e perícia contábil.
- Perícia contábil.
- Tipos de perícia.
- As normas de perícia em geral e de perícia contábil.
- Perícia e auditoria.
- Diferenças de procedimento e de conclusão dos trabalhos entre o perito-contador e o auditor.

**Após o estudo deste capítulo, você será capaz de:**

1. compreender a perícia judicial e as normas que a regulamentam;
2. reconhecer a perícia como prova judicial;
3. identificar os tipos de perícia;
4. acompanhar as fases de execução da perícia judicial;
5. diferenciar perícia e auditoria.

Neste capítulo, trataremos mais profundamente da perícia contábil como procedimento em curso, desde sua previsão em leis e normas, passando pela realização, pelo ambiente em que ocorre e por todo o percurso até a emissão do laudo ou do parecer contábil.

## 2.1   Prova judicial e perícia contábil

A perícia contábil, como já vimos, insere-se entre os meios de prova aceitos pela Justiça, como prova pericial contábil. É, dessa maneira, um dos meios materiais usados para provar a verdade.

**Prova jurídica**

A prova, para o sistema jurídico, é um conceito ainda bastante discutido tanto no direito processual penal quanto na esfera cível. Não existe uma concepção universal que dê conta de todo o sentido da palavra. *Provar* é demonstrar uma verdade, autenticar algo com razões, fatos ou documentos; e a palavra *prova* deriva daí, da aplicação do valor de verdade, da autenticação de fatos ou versões.

No sentido estritamente judicial, toma-se a prova como uma demonstração, por meios legais, capaz de evidenciar que um ato ou fato material ou jurídico existiu, existe ou é verdadeiro. Por meio dessa prova se constrói a certeza a respeito de um ato ou fato em questão.

De acordo com Dalla Zanna (2015, grifo do original):

> A prova é algo material ou imaterial por meio do qual o indivíduo se convence a respeito de uma verdade ou da ausência dela. É a maneira pela qual cada um de nós atinge a certeza do que seja verdadeiro ou não verdadeiro, aceitável ou inaceitável, em certo momento, segundo certas circunstâncias, ou seja, **segundo a metodologia aplicada na investigação dos fatos** e em determinado local. Excluídas as questões de fé, o conhecimento da verdade depende do método de investigação utilizado em cada caso. Portanto, métodos mais adequados e mais inteligentes de investigação conduzem o investigador (perito) a conclusões mais precisas, mais críveis e mais verdadeiras. A escolha do método pelo qual são obtidas as provas são de fundamental importância para a credibilidade do que se afirma. A ausência de verdade pode ser uma farsa, ou uma mentira ou a falta de condições (ausência de método adequado) que satisfaçam o indivíduo a respeito do que seja certo ou errado em determinado momento.

No meio jurídico, comumente as provas podem ser apresentadas de três maneiras: (1) **documental**; (2) **testemunhal**, audiência de instrução e julgamento; e (3) **técnica**. É como prova técnica que se insere a perícia contábil realizada por contador legalmente nomeado.

No que se refere à prova pericial, Gonçalves (1968, p. 7) indica o seguinte: "é o exame hábil de alguma coisa realizada por pessoas habilitando o perito para determinado fim, judicial ou extrajudicial". Elas servirão de elementos de convicção necessários ao julgamento do magistrado. Conforme explica Dalla Zanna (2015, grifo do original),

> Os meios empregados para formar essa convicção e que permitem o julgamento são chamados, no Direito, de "**meios de prova aceitos em direito**". A prova, por isso, constitui, em matéria processual, a própria alma do processo ou a luz que vem esclarecer a dúvida a respeito dos direitos disputados.
>
> No **sentido objetivo**, são meios de prova aceitos pela Justiça os **meios materiais** existentes no processo, como: alegações, cálculos, documentos, pareceres técnicos elaborados por profissionais contratados pelas partes, confissões e testemunhos. Estes meios de prova são os **fundamentos de fato**. Já no **sentido subjetivo**, os meios de prova são as **convicções a que chega o magistrado** diante dos fundamentos de fato supracitados e apresentados pelas partes na fase de instrução do processo. Estes são os **fundamentos de direito**. A apreciação das provas depende da livre convicção do magistrado. Em muitos processos, todavia, para que o magistrado possa **alcançar a convicção de que faz uso para prolatar a sentença**, necessita da prova pericial contábil. Esta é, pois, um dos meios materiais usados para provar a verdade que se quer conhecer.

A legislação brasileira prevê as provas legítimas desde a Constituição Federal (CF), art. 5º, inciso LVI, que garante os direitos fundamentais de cidadania: "são inadmissíveis, no processo, as provas obtidas por meios ilícitos" (Brasil, 1988), determinando a necessária legalidade dos meios de obtenção de provas; passando pelo Código Civil (CC) – Lei n. 10.466, de 10 de janeiro de 2002 (Brasil, 2002b) – que, em seu art. 212, institui os meios de prova:

> Art. 212. Salvo o negócio a que se impõe forma especial, o fato jurídico pode ser provado mediante:
> I – confissão;
> II – documento;
> III – testemunha;

IV – presunção;
V – perícia. (Brasil, 2002b)

Como se pode ver, a legislação já institui a perícia desde suas leis maiores. Também o Código de Processo Civil (CPC) – Lei n. 13.105, de 16 de março de 2015 (Brasil, 2015) – traz em seu Capítulo XII, "Das provas", um total de 115 artigos (do art. 369 ao art. 484) sobre a prova jurídica, explicitando suas possibilidades e regularidades e proibindo provas ilícitas.

Especificamente sobre a perícia, há menção nos seguintes artigos:

- **art. 91, parágrafo 1º**: refere-se a perícias requeridas por órgãos do Estado;
- **art. 95**: versa sobre remuneração de assistente técnico ou perito-assistente;
- **art. 156**: na seção sobre o perito, define quando o juiz deve ser assistido por perito;
- **art. 158**: trata da suspensão de peritos que incorrem em dolo ou culpa ao prestar informações inverídicas;
- **art. 260**: versa sobre perícias em documentos;
- **art. 357**: determina as decisões de saneamento e organização dos processos;
- **art. 375**: restringe as ações de natureza técnica a exame pericial;
- **art. 422**: trata de perícia sobre imagens da internet;
- **art. 432**: versa sobre perícia em arguições de falsidade;
- **art. 443**: trata do indeferimento de testemunhas;
- **Seção X do Capítulo XII, "Da Prova Pericial", arts. 464 a 480**: abordam a perícia em toda sua extensão;
- **art. 510**: discorre sobre liquidação por arbitramento;
- **art. 550**: trata da ação de exigir contas;
- **art. 573**: refere-se à dispensa de perícia em imóveis georreferenciados;

- **arts. 606 e 607**: abordam a dissolução de sociedades e a nomeação de peritos especialistas;
- **art. 714**: versa sobre restauração de autos e das perícias neles constantes, para caso de desaparecimento;
- **art. 753**: trata da perícia para casos de interdição judicial;
- **art. 872**: discorre sobre avaliação judicial.

Os procedimentos periciais mencionados, conforme Dalla Zanna (2011, p. 34), são os que seguem:

> Exame pericial – no caso de perícia contábil, consiste no exame de livros, documentos, contratos, verificação de cálculos e demais atos praticados pela pessoa jurídica ou pela pessoa física envolvida no processo. Este é o caso mais comum para se requerer uma perícia contábil.
>
> Vistoria pericial – trata-se de verificar *in loco* a situação de alguma coisa, de algum bem (geralmente imóveis, máquinas e estoques). Este tipo de perícia raramente é solicitado a um contador.
>
> Arbitramento – trata-se de estimar o valor de bens e/ou de direitos. Nesse caso, quando ocorre a ausência de contabilidade idônea que torne possível conhecer o valor de bens e direitos, passa-se ao arbitramento, ou seja, fixa-se o valor da coisa ou do direito com base em critério técnico. Tal critério pode ser uma pesquisa de preços, uma pesquisa de mercado ou outro tipo de trabalho que fundamente o valor arbitrado. Nos casos de arbitramento devem ser considerados os aspectos quantitativo e qualitativo do objeto ou do direito cujo valor será fixado pelo perito.
>
> Avaliação – há situações em que se confunde com o arbitramento. Na prática jurídica, o termo "avaliação" tem sido utilizado, preferencialmente, para atribuir valor ao rol de bens constantes em um processo de inventário ou em processo de execução de dívida vencida, em que o credor pretende entrar na posse de bens dados em garantia na forma de penhora (geralmente estoques de mercadorias). No final, tem-se que, na prática, para que o valor de um bem seja arbitrado há que se proceder ao seu exame e à sua avaliação.

Para o campo específico da perícia contábil, Dalla Zanna (2015) indica o seguinte:

> No campo da Contabilidade, em seu sentido lato, entende-se como sendo verdade o que se afirmar a respeito de determinado assunto desde que essa afirmação seja fundamentada em provas contábeis (documentos, registros em livros contábeis e fiscais e cálculos). Aceita-se como verdade contábil o que se consegue provar, de forma mais convincente que outras alternativas de argumentação, aplicadas aos mesmos fatos e atos administrativos.

Vemos, desse modo, como a perícia contábil pode se constituir em prova de processos judiciais, de modo a garantir, por meio do conhecimento científico e da aplicação de padrões normalizados, a verificação da verdade jurídica nos processos.

**Qualidades que devem ter os livros contábeis e fiscais para merecer fé pública e servir de prova**

Para que os livros contábeis, fiscais, trabalhistas etc. possam servir de prova em juízo ou mesmo fora dele, devem estar revestidos das formalidades legais extrínsecas e intrínsecas previstas no CC.

Quanto às **formalidades extrínsecas** dos livros contábeis e fiscais, ou seja, sua apresentação externa, os livros contábeis devem ter:

- Encadernação.
- Numerações sequenciais mecanizadas ou tipográficas.
- Rubrica das folhas.
- Termos de abertura e encerramento.
- Registro na junta comercial ou em cartórios e demais órgãos que requerem o registro para fins tributários, trabalhistas, previdenciários etc., segundo o tipo e a finalidade do livro.
- Assinatura do(s) proprietário(s) e de profissional contábil, técnico ou contador.

Já as **formalidades intrínsecas** dos livros contábeis e fiscais são:

- Escrituração em língua portuguesa.
- Registros (lançamentos) com individuação e clareza.
- Lançamentos em forma mercantil.
- Lançamentos em ordem cronológica de dia, mês e ano.
- Lançamentos continuados e sem vícios, ou seja, sem intervalos, com páginas ou parte de páginas em branco, sem entrelinhas, borrões, raspaduras ou emendas, anotações no rodapé ou nas margens.

Configuram **vícios de escrituração contábil** as seguintes práticas condenáveis:

- Rasuras.
- Emendas.
- Borrões.

Os livros e documentos que contiverem esses três vícios ou apenas um deles não merecerão fé e não serão usados como provas pelo perito. Todavia, deve sempre prevalecer o bom senso do profissional, pois alguns poucos vícios não podem invalidar o todo do trabalho contábil objeto de verificação. Assim, os registros contidos nos lugares viciados serão anulados para, em seguida, serem revisadas as demonstrações contábeis de maneira que reflitam a exclusão desses registros. Entretanto, quando os vícios contábeis forem tantos ou de tal natureza que tornem indignos de merecer fé os livros e documentos, o perito deve considerar as demonstrações contábeis ineptas para servir de prova judicial.

A inépcia da escrituração contábil viciada e das demonstrações contábeis dela decorrentes origina-se de erros, enganos, imperícia no uso dos recursos tecnológicos disponíveis, negligências e outras causas que não têm, em sua origem, a intenção de perpetrar fraudes, mas podem ser indícios que geram suspeitas a respeito de simulações, adulterações e fraudes cometidas para lesar a própria sociedade, terceiros em geral e o fisco. Felizmente, hoje em dia, com a informatização aplicada à escrituração contábil, esses vícios são raros ou, então, provocados intencionalmente.

### O livro diário em juízo

O livro diário, devidamente revestido das formalidades extrínsecas e intrínsecas, tem a qualidade de fazer prova plena, pois basta a si próprio. O que nele estiver escriturado por profissional devidamente registrado no órgão de classe dos contabilistas (Conselho Regional de Contabilidade – CRC), sem vícios, é merecedor de fé pública. Assim escriturado, é suficiente para fazer prova aceita em juízo. A prova do livro diário, salvo melhor juízo do magistrado que cuida do processo, dispensa a prova documental.

### Integridade e inviolabilidade dos livros e documentos contábeis e fiscais

O perito deve respeitar a integridade e a inviolabilidade dos documentos e livros contábeis e fiscais que estiverem sob sua responsabilidade. Em seus trabalhos, deve abster-se, o máximo possível, de fazer marcações, vistos, colorações e quaisquer outros sinais identificadores de seu trabalho. Caso necessite inserir anotações ou memórias de cálculo, deve obter cópias das páginas dos livros com as quais trabalhará, preservando, assim, a integridade dos livros e documentos objeto de seu exame.

> **Prescrição e decadência dos livros em juízo**
> Havendo processos judiciais em andamento para os quais pode vir a ser deferida a prova pericial contábil, devem-se preservar a integridade e a inviolabilidade dos documentos, dos livros contábeis e fiscais, das listagens de computador e de todo o material de prova que poderá ser requisitado pelo perito-contador à empresa que tiver ação judicial em decurso. O estatuto da prescrição e da decadência deixa de existir para os documentos contábeis que possam ser objeto de investigação pericial.

## 2.2 Perícia contábil

Como já explanamos brevemente no Capítulo 1, a perícia contábil é uma análise feita com base em registros contábeis de empresa ou patrimônio com a finalidade de dar ao conhecimento de juiz ou pessoa (física ou jurídica) que tenha contratado os serviços do perito-contador os fatos contábeis como encontrados pelo profissional, por meio de laudo pericial contábil ou parecer pericial contábil, a ser aposto ao processo em curso ou em liquidação. Para atingir esse fim, o perito deve sempre objetivar a apresentação verídica dos fatos econômicos, financeiros, tributários, trabalhistas e previdenciários que estejam sendo questionados no processo.

A perícia, para Sá (2004), deve verificar os fatos ligados ao patrimônio, objetivando analisar conclusivamente a questão controversa. Para tanto, realizam-se exames, vistorias, indagações, investigações, arbitramentos, mensurações, avaliações e certificações – são os oito procedimentos previstos na NBC TP 01 (R1), do Conselho Federal de Contabilidade (CFC), necessários à emissão de opinião técnica e abalizada sobre a matéria em questão.

## 2.3 Tipos de perícia

É costume entre os teóricos que tratam de perícias contábeis dividi-las conforme sua finalidade, ou seja, pelo fim para o qual são realizadas. Assim, por serem ligadas principalmente ao âmbito judicial, é comum se dividirem as perícias em qualificações que levam em conta o ambiente em que a perícia é solicitada e também quem a solicita. Para tanto, apresentamos a seguinte classificação (Moura, 2021):

- **Perícia judicial** – É aquela realizada dentro dos procedimentos processuais do Poder Judiciário, por determinação, requerimento ou necessidade de seus agentes ativos, e se processa segundo regras legais específicas.
- **Perícia semijudicial** – É aquela realizada dentro do aparato institucional do Estado, porém fora do Poder Judiciário, tendo como finalidade principal ser meio de prova nos ordenamentos institucionais usuais.
- **Perícia extrajudicial** – É aquela efetuada fora do Estado, por necessidade e escolha de entes físicos e jurídicos particulares no sentido estrito.
- **Perícia arbitral** – É aquela elaborada no juízo arbitral – instância decisória criada pela vontade das partes.
- **Perícia oficial e estatal** – É exercida sob controle da lei da arbitragem, Lei n. 9.307, de 23 de setembro de 1996 (Brasil, 1996), e pelos regulamentos das Câmaras de Arbitragem, uma forma de dirimir litígios, conflitos, demandas, relativos a direitos patrimoniais disponíveis, de natureza privados, desafogando o Poder Judiciário, isto é, independente da interveniência do Poder Judiciário.
- **Perícia voluntária** – É aquela contratada, espontaneamente, pelo interessado ou de comum acordo entre as partes.

Assim, a função inicial do perito é conhecer o ambiente (judicial ou não) e o âmbito (procedimento judicial, contencioso ou arbitragem) em que foi solicitada a perícia. Em seguida, começa o processo de planejamento da perícia. É nesse processo que se determina o tipo de procedimento a ser adotado em cada caso.

Para Brandimiller (1996), a perícia judicial, em sentido amplo, apresenta-se com as seguintes características:

- É realizada sob direção e autoridade do juiz, que pode deferir ou indeferir, se requisitada pelas partes, ou determinar por sua própria iniciativa.
- Permite a participação e a presença das partes na produção da perícia.
- Visa ao convencimento do juiz.

Na visão mais aprofundada de Alberto (1996), a perícia deve abranger um conjunto mais diversos de características, algumas gerais, às quais o perito deve atentar; e outras especiais, que a separam de outros procedimentos similares e são limitadoras da ação do perito. Assim, o autor apresenta a perícia como o exposto a seguir.

**Características gerais**

- Surge de um conflito latente e manifesto que se quer esclarecer.
- Constata, prova ou demonstra a veracidade de alguma situação, coisa ou fato.
- Fundamenta-se em requisitos técnicos, científicos, legais, psicológicos, sociais e profissionais.
- Deve materializar, segundo forma especial, a instância decisória, a transmissão da opinião técnica ou científica sobre a verdade fática, de modo que a verdade jurídica corresponda àquela.

Características especiais

- A delimitação da matéria sobre a qual recai – já que são somente aquelas matérias cuja apreciação dependa de conhecimento especial do técnico.
- A iniciativa técnica, ou seja, a absoluta independência técnica em processos, métodos e análises que leva a efeito.
- A limitação de pronunciamento, ou seja, a consonância da matéria examinada e da finalidade do exame com a forma própria e normalizada da espécie de laudo que registrará a conclusão.
- Integral conhecimento técnico ou científico da matéria, complementado, necessariamente, com conhecimentos conexos à sua especialização, e das disposições legais e normativas aplicáveis ao caso concreto e à própria perícia.

Desse modo, temos uma visão bastante efetiva de como proceder para executar a perícia dentro dos limites legais e profissionais.

No entanto, é usual outro tipo de tipologia, referente a vários outros componentes da perícia, para determinar suas qualidades próprias em cada ponto de vista do processo. Assim, pode-se dividir as perícias, com base em oposições ou complementaridade, da seguinte forma (Santos, 1955):

- Quanto ao processo: **perícia judicial** – ocorre no decurso de ação judicial; e **extrajudicial**, fora da instância judicial, em acordo das partes para esclarecimento de dúvidas em relação a fatos de interesse de ambas.
- Quanto à admissibilidade: **facultativa**, na qual é de decisão do juiz negar ou conceder sua admissão no processo, e neste caso pode ser considerada "de ofício" se determinada pelo juiz; ou ainda "requerida" se as partes a requerem; e obrigatória ou necessária, quando a legislação

determina sua admissão, como ocorre costumeiramente na Justiça do Trabalho.

- Quanto à conveniência: conforme o curso da instância em que tenha lugar, podendo ser dita *praesenti*, se proposta e aceita como medida preparatória com o fim de estabelecer a pertinência dos fatos; ou *in futuru*, se realizadas antecipadamente por necessidade de suprir a falta de provas na propositura da ação.
- Quanto à espécie: conforme a modalidade de perícia praticada, sendo dividida então em **exame pericial**, que é a inspeção feita por perito em coisas, pessoas (fala-se das perícias em geral) ou documentos no processo; **vistoria**, que é a inspeção ocular de avaliação do estado de alguma coisa; ou ainda avaliação (ou **arbitramento**), por meio da qual se avaliam os valores monetários de coisas, direitos ou obrigações em litígio.

Nessa apresentação, podemos ver como se apresentam de modos diversos os diferentes tipos de trabalho aos quais o perito tem de se submeter e realizar com esmero.

O objetivo precípuo da perícia contábil é, dessa maneira, oferecer ao juízo um cabedal de conhecimentos e técnicas específicos da profissão de contador, para que sejam utilizados de modo correto no processo. Da mesma forma, para o contador e perito, a perícia se apresenta como um instrumento técnico profissional especializado que objetiva apurar elementos que devem ser informados ao cliente (nesse caso, o juiz ou a parte solicitante) a fim de facilitar a tomada de decisões judiciais.

As áreas que podem ser alcançadas por uma perícia contábil, segundo Dalla Zanna (2011), são sete, a saber:

1. A **contabilidade propriamente dita** – Nesse caso, são examinados livros contábeis e fiscais, lançamentos, documentos, fichas de controle, relatórios contábeis e financeiros, demonstrações contábeis.

2. As **finanças das pessoas físicas e jurídicas** – Nesse caso, são examinados extratos de contas-correntes bancárias, posições de investimentos financeiros, contratos de *leasing*, de financiamento de casa própria, de câmbio e de seguros, entre outros. Nas empresas, são analisados livros-caixa e livros auxiliares de bancos e verificados cálculos de juros simples e compostos, cobrança de taxa de permanência e de multas pelos bancos e demais encargos financeiros.

3. A **administração da empresa** – Trata-se de perícias contábeis nas áreas de vendas, de compras, de recursos humanos e de produção. Podem ser incluídas nesse grupo as perícias efetuadas em escolas, clubes, igrejas e organizações não governamentais (ONGs).

4. A **economia empresarial**, ou seja, as avaliações econômicas de bens e direitos – Trata-se de proceder à avaliação de bens do ativo imobilizado e de direitos e obrigações constantes no Balanço Patrimonial (BP), inclusive a avaliação de estoques.

5. A **área fiscal** – Nesse caso, a perícia, em regra, atua sobre o auto de infração e imposição de multa (Aiim) já lavrado pela autoridade fiscal. Ela vistoria livros e documentos segundo os quesitos formulados pelas partes.

6. A **área previdenciária** – Trata-se de verificar fatos pertinentes ao Instituto Nacional do Seguro Social (INSS). Podem ocorrer situações em que a autarquia demanda contra empresas, clubes, igrejas e outras entidades ou mesmo pessoas físicas. Pode ocorrer a situação inversa, em que pessoas ou empresas demandam contra a autarquia.

7. A **área trabalhista** – Salvo raras exceções, trata-se de demanda de ex-empregado contra a empresa em que trabalhava, mas pode ser também de sindicatos de empregados contra sindicatos de empresas. Nessas

oportunidades, o perito cuidará dos cálculos trabalhistas e matéria congênere.

As diversas áreas da perícia contábil permitem a especialização do profissional. Na área de contabilidade, a perícia se mostra como um trabalho bastante especializado, que requer um profissional especialista e experiente. No entanto, o número e a profundidade das especializações nessa área de conhecimento vêm crescendo muito nos últimos tempos, impossibilitando, por vezes, o profissional de conhecer todas elas, de maneira que hoje se encontram profissionais especializados em áreas como custos, questões trabalhistas, tributárias ou societárias, do mesmo modo que há profissionais especialistas em ramos de atividade, como indústria da construção, comércio atacadista ou varejista, ONGs, bancos etc. Por isso, é cada vez mais comum haver profissionais peritos nomeados por área ou ramo de atuação, e não como peritos gerais em contabilidade.

**Perícia indireta**

Vemos também como uma possibilidade independente a perícia realizada em documentos de terceiros, não envolvidos diretamente no processo que está sendo conduzido. A essa perícia dá-se o nome de *perícia indireta*. Ela é solicitada quando surgem suspeitas de que os documentos em estudo possam conter informações relevantes com relação ao que se quer provar nos autos do processo. Para realizar a perícia indireta, o perito--contador deve buscar provas documentais em todos os locais que houver por bem, exceto aqueles que digam respeito à pessoa física ou jurídica constante dos autos e que não figurem em nenhum dos polos da ação (passivo ou ativo). Nesse tipo de perícia, o perito deve atuar apenas de maneira indireta.

De acordo com Dalla Zanna (2015, p. 8), a perícia indireta é um procedimento que "requer do profissional: conhecimento profundo da matéria, criatividade, perspicácia, argúcia, e outras qualidades investigativas só encontradas em quem está habituado" e/ou foi treinado para esse tipo de função. Desse modo, também nessas ocasiões se requer o trabalho especializado de perito reconhecido.

## 2.4 Normas de perícia em geral e de perícia contábil

Para procedermos à perícia contábil devemos seguir, desde o princípio, as normas básicas para o procedimento.

O procedimento de perícia é regulamentado por várias leis, entre elas o próprio CPC, no art. 149 e nos arts. 156 a 158; assim como nos arts. 464 a 480, quando se tratar de matéria cível, como o patrimônio de pessoas físicas e jurídicas ou alterações nesses patrimônios. Vale registrar que o CPC de 1973 foi alterado parcialmente pela Lei n. 8.455, de 24 de agosto de 1992 (Brasil, 1992), que determinou requisitos para a escolha de peritos. Nessa seara também há determinações do Código de Processo Penal – Decreto-Lei n. 3.689, de 3 de outubro de 1941 (Brasil, 1941) –, arts. 158 a 184, quando a matéria em questão é de natureza criminal, como provas de crimes ou corpos de delito.

Essas disposições gerais não são suficientes para determinar o trabalho específico do perito, em qualquer área em que ele atue. Assim, as entidades de área, tanto as de peritos quanto as entidades profissionais, conselhos federais e estaduais, estabeleceram suas normas de atividade para regulamentar os procedimentos periciais. Quanto às normas profissionais que orientam a conduta no processo da perícia, elas são documentos de caráter não obrigatório, portanto, apenas orientadores de conduta. Esses documentos, por exemplo, datam já de mais de 40 anos, como as normas da Associação dos Peritos Judiciais do Estado de São Paulo (Apejesp), aprovadas em 26 de agosto de 1970. Os Núcleos de Práticas e Pesquisas Jurídicas (NPPJs) foram revistos em 1991 e apresentam a base das orientações de conduta nacionais. Esses documentos tratam principalmente de: normas, entendidas como indicativos comportamentais (técnicos ou éticos) obrigatórios em função de lei ou regra, apresentando como deve ser realizado determinado procedimento e como deve agir o responsável por ele; e padrões, os quais são entendidos como a práxis comumente adotada pelos profissionais, representando um modelo concreto a ser seguido.

Dessas normas, a mais geral é a norma de perícia, estabelecida pela NBPJ-2 (Norma Brasileira de Perícia Judicial), a qual conceitua:

> 1) A **perícia judicial**, quando pertinente a profissões regulamentadas, será exercida por profissionais legalmente habilitados, com títulos registrados nos órgãos fiscalizadores do exercício de suas profissões requeridas, ainda, reconhecida idoneidade moral, capacidade técnica e experiência profissional. (NPPJ-2, citada por Alonso, 1975, p. 18, grifo nosso)

No entanto, essas normas têm caráter geral e se aplicam a todas as ciências relacionadas às necessidades judiciais em jogo nos processos, para as quais podem ser nomeados peritos e solicitados laudos e pareceres no curso de demandas. Na área específica da contabilidade, há normas detalhadas de procedimentos da perícia contábil judicial, publicadas pelo CFC e aceitas em todo o território nacional como válidas para esses procedimentos.

A finalidade das normas brasileiras de contabilidade é padronizar os procedimentos contábeis e dar-lhes uma configuração teórica e prática única, a fim de que os profissionais sejam orientados a atuar de maneira uniforme em todo o território nacional.

A norma procedimental que determina as ações possíveis durante uma perícia contábil judicial foi estabelecida pela Resolução CFC n. 731, de 22 de outubro de 1992 (CFC, 1992), que aprovou a NBC T 13.6, de 26 de agosto de 2005 (CFC, 2005a). Essa norma foi alterada em sua redação e renumerada como

NBC TP 01 (R1), de 19 de março de 2020 (CFC, 2020b), como é atualmente conhecida (antes, era apenas NBC TP 01, de 24 de janeiro de 2014). Assim, a norma que trata da perícia é a NBC TP 01 (R1), e a que aborda a pessoa do perito-contador é a NBC PP 01 (R1), de 27 de fevereiro de 2020 (CFC, 2020a). Ambas conceituam a perícia contábil, definem as qualidades técnicas pessoais e profissionais do perito-contador, ensinam como planejar e executar o trabalho pericial e informam como deve agir o perito para receber os honorários pelo seu trabalho.

É nesse âmbito que a norma NBC TP 01 (R1) estabelece os conceitos básicos a serem seguidos na perícia, em seu preâmbulo:

> 2. A perícia contábil é o conjunto de procedimentos técnicos e científicos destinados a levar à instância decisória elementos de prova necessários a subsidiar a justa solução do litígio, mediante laudo pericial contábil ou parecer pericial contábil, em conformidade com as normas jurídicas e profissionais e a legislação específica no que for pertinente. (CFC, 2020b, p. 2)

A norma continua delimitando o produto final necessário de uma perícia contábil, que é o laudo pericial. Ao fim da análise profissional dos quesitos solicitados, o perito elabora o laudo ou parecer pericial contábil, sendo que ambos "têm por limite o objeto da perícia deferida ou contratada" (CFC, 2020b, p. 2). Com isso, a norma limita a atuação do perito-contador apenas ao material sobre o qual pesa a solicitação do juiz ou parte do processo e somente sobre as questões apresentadas, significando que o perito deve ater-se ao material e às questões levantadas e não debater nenhum assunto ou questão a mais, mesmo se localizar alguma questão não solicitada, como ilicitude ou desvio de padrões.

Ao fim dos conceitos iniciais, nos seus parágrafos 4 a 6, a norma limita a função de perito a contadores registrados nos conselhos de classe e define os âmbitos judicial e extrajudicial das perícias (parágrafo 4). A principal classificação das perícias é feita em seguida, no parágrafo 5 da norma, para os tipos de perícia e sua relação com o Estado:

> 5. A perícia judicial é exercida sob a tutela do Poder Judiciário. A perícia extrajudicial é exercida no âmbito arbitral, estatal ou voluntária. A perícia arbitral é exercida sob o controle da lei de arbitragem e pelos regulamentos das Câmaras de Arbitragem. Perícias oficial e estatal são executadas sob o controle de órgãos de Estado. Perícia voluntária é contratada, espontaneamente, pelo interessado ou de comum acordo entre as partes. (CFC, 2020b, p. 2)

Temos aqui uma tipologia que não havia sido apresentada pelos teóricos, mas que ocorre dentro da norma e tem efeitos importantes, como estabelecer a possibilidade de perícia administrativa solicitada não por juiz, porém por comissão fiscalizadora instituída no âmbito do Poder Legislativo, como as Comissões Parlamentares de Inquérito, ou mesmo sob tutela do Ministério Público. A extensão desse requisito sempre foi restrita na norma, mesmo quando se abria a possibilidade de perícias mistas entre profissionais de várias profissões: "6. Nos casos em que a legislação admite a perícia interprofissional, aplica-se o item anterior exclusivamente às questões contábeis" (CFC, 1999b). Assim, se há quesitos relativos a outras especialidades, escusa-se o profissional de analisá-los, restringindo sua atuação às questões contábeis, nos casos de perícia estatal.

São esses os conceitos fundamentais, considerados dentro das normas, para se estabelecer uma perícia contábil rigorosa e objetiva. Nas próximas seções, trataremos de várias características da perícia contábil, seguindo a sequência de tópicos estabelecidos pela NBC TP 01 (R1) (CFC, 2020b), com pequenos comentários sobre seus efeitos e seus objetivos.

### Etapas da perícia contábil: procedimentos preliminares

Antes de dar início a um processo de perícia contábil, são necessárias algumas providências preliminares, que se iniciam no ato de nomeação do perito e vão até o início da perícia propriamente dita. Esses procedimentos serão elencados a seguir.

**Nomeação**

O trabalho pericial inicia-se no momento em que o magistrado reconhece sua premência, seja por necessidade intrínseca ao processo, seja por solicitação de parte. É nesse momento que ele nomeia o perito-contador, concedendo o prazo legal de 10 dias para manifestação das partes e apresentação dos quesitos, conforme o CPC, art. 466, e 5 dias para indicação de assistentes técnicos das partes, de acordo com o art. 465, parágrafo 1º (Brasil, 2015a). Passados esses prazos, o perito recebe a nomeação por intermédio de intimação, em que consta também a convocação para se inteirar da matéria que lhe é solicitada. É nesse momento que o perito se envolve efetivamente com o processo para o qual é nomeado.

De acordo com Dalla Zanna (2012a), para determinar a produção de uma prova pericial, o magistrado, em seu "despacho saneador", marca uma audiência para conciliação e julgamento. Quando a conciliação é frustrada, ele faculta a continuação da instrução do processo e:

- Nomeia o perito de sua confiança e manda que o cartório o intime para que diga se aceita o honroso encargo e para que informe (ou estime) o montante dos honorários que deseja receber para produzir a prova pericial requerida;
- Faculta às partes a apresentação de quesitos e a indicação de assistente técnico;
- Delimita o objeto da perícia, como seja: exame, vistoria, arbitramento ou avaliação ou, simplesmente, deixa a critério das partes para que o delimitem em função dos quesitos formulados;

- Fixa prazos a serem cumpridos pelas partes e pelo perito judicial nomeado. (Dalla Zanna, 2012a, p. 6)

Nesse momento, o perito deve retirar os autos do processo em carga para estudá-los e, em seguida, apresentar proposta provisória de honorários, mediante petição própria protocolizada em cartório. O juiz então abre vistas às partes, para que se manifestem sobre os honorários, concordando ou não com eles. Se houver discordância, o juiz solicita ao perito que apresente suas alegações e então decide se substitui o perito ou se arbitra o valor e pede ao perito que aceite o trabalho ou desista dele. Por outro lado, havendo concordância, ele concede às partes prazo para depósito dos valores. Em muitas ações, no entanto, o juiz arbitra o valor dos honorários provisórios, determina seu depósito, proporcionando o saque no ato de entrega do laudo, e intima o perito à realização da perícia. Após esse trâmite, o perito retira os autos em carga e inicia seu trabalho. É nesse momento que se considera iniciada a execução do trabalho do perito, a qual é definida na NBC TP 01 (R1).

No caso de perícias extrajudicial, semijudicial e arbitral, os procedimentos preliminares são, basicamente, os seguintes:

- tomar conhecimento do objeto e do objetivo de perícia;
- elaborar um contrato de prestação de serviços profissionais para ser assinado em conjunto com a pessoa (física ou jurídica) que o contratou;
- elaborar um plano de trabalho;
- contratar equipe de profissionais segundo as necessidades planejadas;
- receber a parcela de adiantamento dos honorários;
- dar início aos trabalhos de campo.

A Figura 2.1 traduz essa sequência de fatos em um processo de perícia contábil judicial. Ela representa, em forma de fluxograma, os eventos possíveis entre a nomeação e a sentença em processos judiciais em geral.

Figura 2.1 – Fluxo da perícia contábil

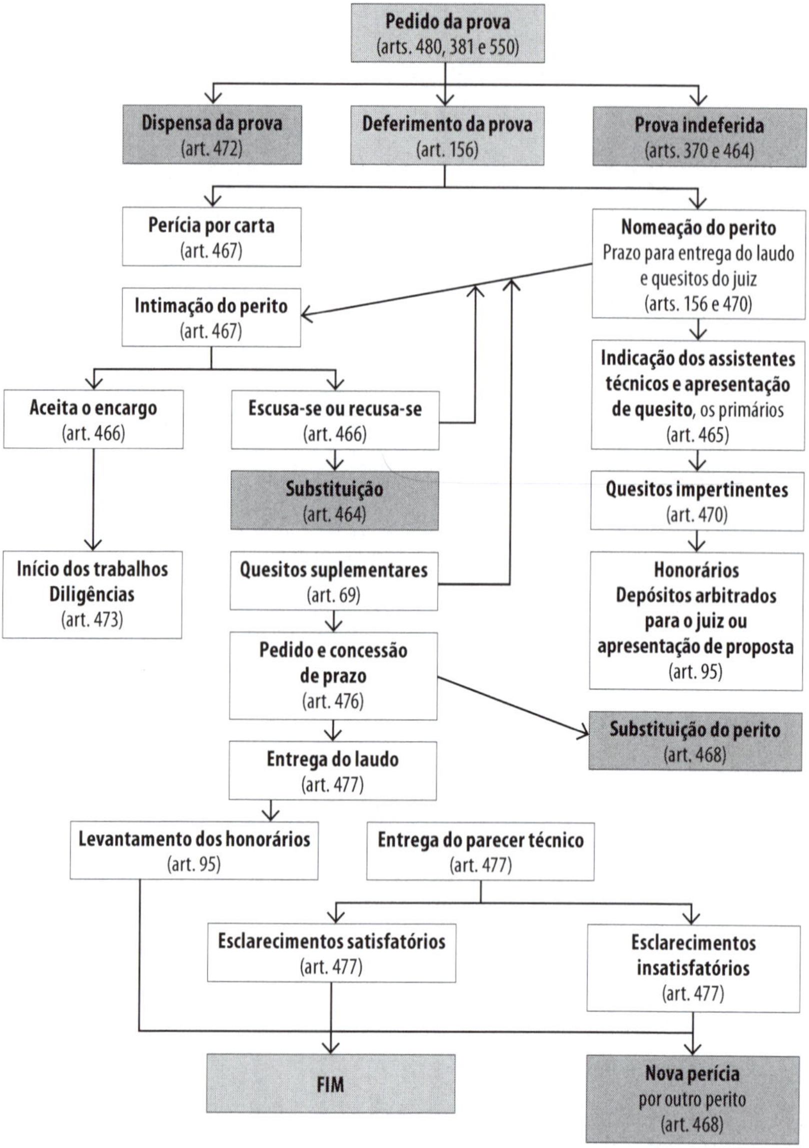

```
                    Pedido da prova
                  (arts. 480, 381 e 550)
         ┌──────────────┼──────────────┐
         ▼              ▼              ▼
   Dispensa da prova  Deferimento    Prova indeferida
      (art. 472)       da prova      (arts. 370 e 464)
                      (art. 156)
                ┌────────┴────────┐
                ▼                 ▼
         Perícia por carta   Nomeação do perito
            (art. 467)       Prazo para entrega do laudo
                ▼            e quesitos do juiz
         Intimação do perito ◄──  (arts. 156 e 470)
            (art. 467)             ▼
         ┌──────┴──────┐      Indicação dos assistentes
         ▼             ▼      técnicos e apresentação
   Aceita o encargo  Escusa-se  de quesito, os primários
     (art. 466)      ou recusa-se   (art. 465)
         │          (art. 466)      ▼
         │              ▼      Quesitos impertinentes
         │         Substituição    (art. 470)
         │          (art. 464)      ▼
         ▼              ▼        Honorários
   Início dos       Quesitos    Depósitos arbitrados
   trabalhos        suplementares para o juiz ou
   Diligências      (art. 69)   apresentação de proposta
   (art. 473)           ▼          (art. 95)
                   Pedido e concessão    ▼
                     de prazo        Substituição do perito
                    (art. 476)          (art. 468)
                        ▼
                   Entrega do laudo
                     (art. 477)
         ┌──────────────┴──────────────┐
         ▼                             ▼
   Levantamento dos honorários   Entrega do parecer técnico
        (art. 95)                      (art. 477)
                    ┌────────────────┴──────┐
                    ▼                       ▼
            Esclarecimentos           Esclarecimentos
            satisfatórios             insatisfatórios
              (art. 477)                (art. 477)
                    ▼                       ▼
                   FIM                  Nova perícia
                                        por outro perito
                                          (art. 468)
```

Os procedimentos que um perito pode adotar ao realizar a perícia são nove, apresentados no parágrafo 32 da NBC TP 01 (R1):

(a) **exame** é a análise de livros, registros de transações e documentos;
(b) **vistoria** é a diligência que objetiva a verificação e a constatação de situação, coisa ou fato, de forma circunstancial;
(c) **indagação** é a busca de informações mediante entrevista com conhecedores do objeto ou de fato relacionado à perícia;
(d) **investigação** é a pesquisa que busca constatar o que está oculto por quaisquer circunstâncias;
(e) **arbitramento** é a determinação de valores, quantidades ou a solução de controvérsia por critério técnico-científico;
(f) **mensuração** é o ato de qualificação e quantificação física de coisas, bens, direitos e obrigações;
(g)) **avaliação** é o ato de estabelecer o valor de coisas, bens, direitos, obrigações, despesas e receitas;
(h) **certificação** é o ato de atestar a informação obtida na formação da prova pericial;
(i) **testabilidade** é a verificação dos elementos probantes juntados aos autos e o confronto com as premissas estabelecidas. (CFC, 2020b, p. 5, grifo nosso)

Figura 2.2 – A busca pela verdade na perícia

**PERÍCIA É A BUSCA PELA VERDADE**

Fatos e verdades – visão do juízo 3

As fases de fatos e verdades

Fatos e verdades – visão do autor 1

Fatos e verdades – visão do réu 2

Fonte: Macedo, 2012.

Tendo em vista esses diferentes procedimentos, o perito, então, passa à etapa de planejamento de seus trabalhos no processo.

**Planejamento**

A perícia, como serviço a ser prestado, é um trabalho de alta especialização e realizado por profissional capaz e competente, solicitado pela Justiça (representada pelo juiz), que precisa desse serviço para tomar sua decisão, ou seja, apresentar sua sentença. Nesse serviço, o produto apresentado ao cliente é o laudo pericial contábil. Para sua realização, o serviço prestado exige o contato entre o prestador de serviços e seu cliente, a Justiça.

Nessa prestação de serviço específica, determina-se um ciclo, no qual há etapas determinadas, as quais podem ser resumidas como na Figura 2.3. Essas etapas são resultado de determinação da norma já citada, a NBC TP 01 (R1) (CFC, 2015b, parágrafos 6-15), a qual as apresenta em seu corpo. Nessa norma, leva-se em conta também a possível presença do perito-contador assistente, já abordado anteriormente, o qual é responsável por elaborar pareceres por solicitação das partes, mas também pode exercer papel complementar ao do perito do juízo.

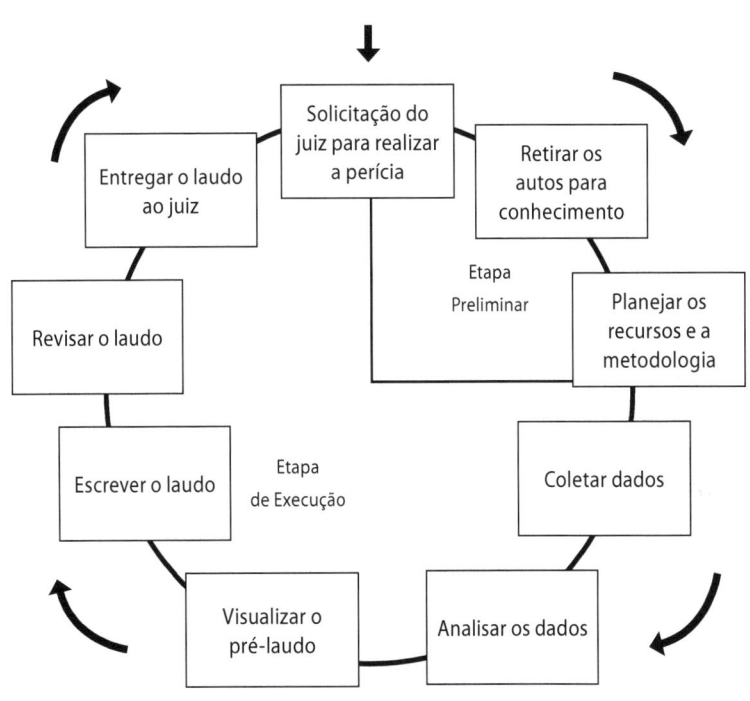

Figura 2.3 – Ciclo de serviço da perícia judicial

```
              Solicitação do
              juiz para realizar
Entregar o laudo   a perícia      Retirar os
    ao juiz                       autos para
                                  conhecimento
                    Etapa
                    Preliminar   Planejar os
Revisar o laudo                  recursos e a
                                 metodologia

                 Etapa
Escrever o laudo de Execução     Coletar dados

        Visualizar o
        pré-laudo        Analisar os dados
```

Fonte: Santana, 1999, p. 89.

O planejamento da perícia, segundo a norma, pode ser definido como uma "etapa do trabalho pericial, na qual o perito estabelece as diretrizes e a metodologia a serem aplicadas" (CFC, 2020b, p. 2).

Em resumo, as recomendações constantes na NBC TP 01 (R1) informam o perito acerca do planejamento de seu trabalho e têm o objetivo de lhe servir de roteiro. Os pontos abordados são os seguintes:

    7. Os objetivos do planejamento da perícia são:
    (a) conhecer o objeto e a finalidade da perícia para permitir a escolha de diretrizes e procedimentos a serem adotados para a elaboração do trabalho pericial;
    (b) desenvolver plano de trabalho onde são especificadas as diretrizes e procedimentos a serem adotados na perícia;

(c) estabelecer condições para que o plano de trabalho seja cumprido no prazo estabelecido;
(d) identificar potenciais problemas e riscos que possam vir a ocorrer no andamento da perícia;
(e) identificar fatos importantes para a solução da demanda, de forma que não passem despercebidos ou não recebam a atenção necessária;
(f) identificar a legislação aplicável ao objeto da perícia;
(g) estabelecer como ocorrerá a divisão das tarefas entre os membros da equipe de trabalho, sempre que o perito necessitar de auxiliares. (CFC, 2020b, p. 2)

O perito também deve levar em conta no seu planejamento: uma estimativa de honorários para a realização da tarefa ou contrato de prestação de serviços profissionais nos casos de perícia extrajudicial, semijudicial ou arbitral; os avisos necessários aos assistentes técnicos para acompanharem os trabalhos a serem realizados em diligências programadas (Brasil, 2015, art. 474); e a informação aos assistentes técnicos sobre a data em que será protocolado o laudo pericial contábil para que possam cumprir o que dispõe o CPC (Brasil, 2015, art. 477, *caput* e parágrafo único).

O CFC preocupou-se com esse assunto de planejamento e publicou, anexo ao livro de normas de contabilidade (CFC, 2012), um modelo de planejamento para perícias judiciais pronto, o qual pode ser seguido pelo perito. Trata-se do modelo reproduzido a seguir, o qual está dividido nas fases de desenvolvimento do trabalho do perito e demonstra com clareza a sequência do trabalho.

Quadro 2.1 – Modelo de planejamento para perícia judicial

## Fase pré-operacional

| Item | Atividade | Ações | Tempo | | Prazo | |
|---|---|---|---|---|---|---|
| | | | Estimado | Real | Estimado | Real |
| 1 | Carga ou recebimento do processo | Após receber a intimação do Juiz, quando for o caso, retirar o processo da Secretaria. | h | h | data | data |
| 2 | Leitura do processo | Conhecer os detalhes acerca do objeto da perícia, realizando a leitura e o estudo dos autos. | h | h | data | data |
| 3 | Aceitação ou não da perícia | Após estudo e análise dos autos, constatando-se que há impedimento ou suspeição, não havendo interesse do perito-contador ou não estando habilitado para fazer a perícia, [deve-se] devolver o processo justificando o motivo da escusa. | h | h | data | data |
| | | Aceitando o encargo da perícia, proceder ao planejamento. | | | | |
| 4 | Proposta de honorários | Com base na relevância, no vulto, no risco e na complexidade dos serviços, entre outros, estimar as horas para cada fase do trabalho, considerando ainda a qualificação do pessoal que participará dos serviços, o prazo para entrega dos trabalhos e a confecção de laudos interdisciplinares. | h | h | data | data |

## Execução da perícia

| Item | Atividade | Ações | Tempo | | Prazo | |
|---|---|---|---|---|---|---|
| | | | Estimado | Real | Estimado | Real |
| 5 | Sumário | Com base na documentação existente nos autos elaborar o sumário dos autos indicando o tipo do documento e a folha dos autos onde este pode ser encontrado. | h | h | data | data |
| 6 | Assistentes técnicos | Uma vez aceita a participação do perito-contador assistente, ajustar a forma de acesso deste aos trabalhos. | h | h | data | data |

*(continua)*

*(Quadro 2.1 – conclusão)*

| Item | Atividade | Ações | Tempo Estimado | Tempo Real | Prazo Estimado | Prazo Real |
|---|---|---|---|---|---|---|
| 7 | Diligências | Com fundamento no conteúdo do processo e nos quesitos, preparar o(s) termo(s) de diligência(s) necessário(s), onde será relacionada a documentação ausente nos autos. | h | h | data | data |
| 8 | Viagens | Programar as viagens, quando necessário. | h | h | data | data |
| 9 | Pesquisa documental | Com fundamento no conteúdo do processo, definir as pesquisas, os estudos e o catálogo da legislação pertinente. | h | h | data | data |
| 10 | Programa de trabalho | Exame de documentos pertinentes à perícia. | h | h | data | data |
| | | Exame de livros contábeis, fiscais, societários e outros. | | | | |
| | | Análises contábeis a serem realizadas. | | | | |
| | | Entrevistas, vistorias, indagações, investigações, informações necessárias. | | | | |
| | | Laudos interdisciplinares e pareceres técnicos. | | | | |
| | | Cálculos, arbitramentos, mensurações e avaliações a serem elaborados. | | | | |
| | | Preparação e redação do laudo pericial. | | | | |
| 11 | Revisões técnicas | Proceder a revisão final do laudo para verificar eventuais correções, bem como verificar se todos os apêndices e anexos citados no laudo estão na ordem lógica e corretamente enumerados. | h | h | data | data |
| 12 | Prazo suplementar | Diante da expectativa de não concluir o laudo no prazo determinado pelo juiz, requerer, antes do vencimento do prazo determinado, por petição, prazo suplementar, reprogramando o planejamento. | h | h | data | data |
| 13 | Entrega do laudo pericial contábil | Devolver os autos do processo e peticionar requerendo a juntada do laudo e o levantamento ou arbitramento dos honorários. | h | h | data | data |

Fonte: CFC, 2012, p. 18-21.

O desenvolvimento do planejamento da perícia é tratado entre os parágrafos 8 e 12 da norma NBC TP 01 (R1) (CFC, 2020b). É nesse momento que a norma diferencia o planejamento e o programa de trabalho. De um lado, o planejamento é um "procedimento prévio abrangente que se propõe a consolidar todas as etapas da perícia", ao passo que o programa de trabalho inclui "uma especificação de cada etapa a ser realizada que deve ser elaborada com base nos quesitos e/ou no objeto da perícia" (CFC, 2012).

Na sequência, quanto à equipe técnica, a norma afirma:

> 13. Quando a perícia exigir o trabalho de terceiros (equipe de apoio, trabalho de especialistas ou profissionais de outras áreas de conhecimento), o planejamento deve prever a orientação e a supervisão do perito nomeado, que responde pelos trabalhos por eles executados. (CFC, 2020b, p. 3)

Sobre os riscos e custos, cabe ressaltar que eles devem ser levados em conta nessa fase de planejamento, tomando-se por base os riscos decorrentes da responsabilidade, suas despesas e seus custos e também a hipótese de apresentação de quesitos supervenientes no processo, os quais podem gerar custos e honorários suplementares. Assim, responsabiliza-se o perito-contador pelo resultado final de seu trabalho.

No que diz respeito ao cronograma de trabalho, a norma estabelece que o perito tenha conhecimento prévio de todas as etapas do trabalho de perícia, pois deverá explicitá-las para apresentar ao juízo e aos contratantes, junto à proposta de honorários. Em seguida, a norma prescreve todos os atos do perito que devem constar do plano de trabalho:

> 15. O plano de trabalho deve evidenciar todas as etapas necessárias à execução da perícia, como: diligências, deslocamentos, trabalho de terceiros, pesquisas, cálculos, planilhas, respostas aos quesitos, reuniões com os assistentes técnicos, prazo para apresentação do laudo pericial contábil ou oferecimento do parecer pericial contábil. (CFC, 2020b, p. 3)

Desse modo, com o planejamento pronto, o perito pode iniciar de fato seu trabalho sobre o material de análise de que dispõe.

**Execução**

A etapa de execução da perícia criminal envolve os atos do perito de posse do material a ser analisado, com a carga do processo e dos procedimentos de análise descritos na norma entre os parágrafos 22 e 32 (CFC, 2020b). É nessa fase que são aplicados os procedimentos específicos do perito-contador já descritos: exame, vistoria, indagação, investigação, arbitramento, avaliação e certificação. Esses são os procedimentos recomendados para a produção do laudo, que será abordado com mais profundidade no Capítulo 4. Para produção do laudo ou parecer, o perito, com o processo em mãos, coleta os dados e os analisa criticamente, à luz de sua ciência e técnica, organiza-os coerentemente e, ao fim, relata no laudo, tomando cuidado para levar em conta apenas os fatos relevantes para o objetivo de esclarecer os quesitos apresentados pelo juiz.

Mesmo com a entrega do laudo, ainda não se encerra o trabalho do perito, pois o resultado de seu trabalho é posto à análise dos litigantes para manifestação e possível adição de parecer, compreendido então como peça técnica, que pode ser apresentado pelas partes, confeccionado por peritos assistentes. É também nesse momento que o laudo pode ser desaprovado, gerando a necessidade de produção de nova perícia. Sobre o assunto, Santos (1955, p. 40) menciona: "o laudo pericial contém material sujeito à crítica e apreciação do juiz, não possuindo força para obrigá-lo a aceitar como indiscutíveis os fatos nele relatados ou como verdades as suas conclusões".

Na etapa de execução da perícia propriamente dita, a norma, em seus parágrafos 22 a 32, descreve as atitudes que devem ser tomadas pelo perito durante suas diligências e análises.

Sobre os procedimentos nessa etapa, manifesta-se Santana (1999, p. 93):

Genericamente, os procedimentos de perícia podem ser classificados em dois grandes grupos, já mencionados, a saber:

a) narração dos fatos, que poderão ou deverão, conforme o caso, ser constatados pelo perito, por determinação de sua própria função;
b) a análise do perito, que, tendo em vista seu conhecimento técnico ou científico, será elaborada sobre fatos por ele mesmo constatados ou não, conforme a hipótese.

O principal procedimento, e também o mais conhecido dos peritos, são as **diligências**, definidas como qualquer trabalho de campo necessário para apuração de informações.

Se o procedimento for tomado em meio a pesquisa para responder a quesito proposto por juiz, deve ser realizado sob sua assistência, como também das partes e dos assistentes técnicos convocados. Novamente Santana (1999, p. 95) define as duas espécies de diligências:

a) diligências entendidas como formalidades ou medidas de ordem processual, ordenadas para o andamento do processo;
b) diligências probatórias, indispensáveis ao esclarecimento do litígio e da própria instrução do processo.

A diligência, como pesquisa de campo com fim determinado a responder a quesitos judiciais, deve seguir procedimento normalizado, que é feito por meio do **termo de diligência**. Desse modo é que ficam asseguradas a certeza e a clareza do procedimento a ser seguido pelo perito-contador na realização de perícia contábil jurídica. Sobre os documentos necessários aos procedimentos periciais, como o termo de diligência e a confecção do laudo pericial e do parecer técnico-contábil, trataremos deles no Capítulo 4, que aborda especificamente os documentos relativos ao perito-contador.

## 2.5 Perícia e auditoria

Para finalizarmos, resta-nos diferenciar os procedimentos de perícia realizados por perito-contador e os de auditoria externa, realizados por auditor.

A perícia contábil encontra sua demanda normalmente no meio judicial. Dificilmente a veremos no âmbito extrajudicial porque expressaria concorrência com a auditoria – a perícia contábil demonstra ter custo mais elevado em comparação àquela. A auditoria contábil também tem seu valor probatório na esfera extrajudicial e é comumente utilizada pelas empresas e pessoas naturais para dirimir conflitos fora do âmbito do Estado. Dalla Zanna (2012b, grifo nosso e do original) define, de maneira simples, as diferenças entre auditoria e perícia contábil do seguinte modo:

> 1. a) a **perícia contábil** é o exame de um fato ou um conjunto de fatos citados nos autos de um processo (caso de perícia judicial) ou citados no contrato ou carta-proposta (caso de perícia extrajudicial) e cuida apenas desses fatos; [...]
> 2. b) a **auditoria externa** tem por objeto toda a escrituração de determinado período, geralmente um ano, e tem como escopo validar as Demonstrações Contábeis de um determinado período, por exemplo: um trimestre, um semestre ou um ano de operações sociais. E esta validação poderá ocorrer sem ou com ressalvas.
> [...]
> 1. c) o **trabalho pericial** examina a fundo a questão debatida nos autos ou, alternativamente, [o] objeto de proposta para serviços periciais extrajudiciais; [...]
> 1. d) o **trabalho de auditoria** externa usa técnicas estatísticas como, por exemplo, a amostragem e fixa seus exames nos itens relevantes das Demonstrações Contábeis. Assim procede por várias razões, inclusive as relacionadas ao custo de seus serviços e à materialidade dos itens que compõem a massa patrimonial e suas variações.

Ao atuar como perito judicial em determinado processo, o contador se interessa somente pela verdade dos fatos nebulosos, a qual busca vislumbrar de modo imparcial. Ainda de acordo com Dalla Zanna (2012b, grifo nosso e do original):

1. e) O Contador na **função de Perito** se preocupa apenas e tão somente com o(s) fato(s) objeto da lide. Não pode trabalhar por amostragem e nem aplicar testes. Deve elucidar as divergências por total e completamente e não se envolve com a organização da empresa, ou seja, não aborda a questão dos Controles Internos, se são adequados ou não à segurança patrimonial da mesma. O Perito-contador sempre atua em um ambiente onde já existem suspeitas e indícios de algum tipo de fraude. Seu trabalho busca evidências e provas, se possível, irrefutáveis, de tudo que foi alegado pelo Autor do processo. Dele não se esperam orientações sobre procedimentos contábeis, fiscais, financeiros, trabalhistas e etc. para aplicação futura. O Perito não é um consultor de empresas, nem mesmo informalmente. Do trabalho pericial espera-se conhecer a **verdade** sobre os fatos relatados com o escopo de subsidiar o magistrado para a prolação de sua sentença (perícia judicial) ou atender às necessidades de quem o contratou para decidir-se sobre alguma ação futura (perícia extrajudicial).

1. f) Inversamente, a **Auditoria Externa** está preocupada com os Sistemas de Controle Interno e o funcionamento da Administração da empresa e, pelo exame do fluxo de informações (documentos, materiais, autorizações, duplo controle e demais meios de informação e controle), verifica a adequabilidade dos procedimentos que conduzem ao registro das operações que geram alterações patrimoniais. Geralmente faz o seu trabalho partindo dos dados finais e, caminhando no sentido inverso, procura encontrar desvios às normas da empresa e às Normas Brasileiras de Contabilidade que poderiam ter colocado ou já colocaram em risco a integridade do patrimônio e/ou já tenham gerado registros contábeis equivocados que,

por certo e dependendo da materialidade, já afetaram a exatidão das Demonstrações Contábeis objeto de publicação. Faz o seu trabalho de validação dos procedimentos e, por consequência, de validação dos valores constantes nas Demonstrações Contábeis. Procura identificar as falhas de controle interno, relacionadas com a comprovação documental das operações, com o chaveamento (senhas de acesso) dos dados computados e correspondente exatidão de cálculos. Em sua missão pode encontrar erros de input que alteram o valor do patrimônio e pode encontrar, também, fraudes visando lesá-lo. No final, a responsabilidade do Auditor Externo, tratado pelo adjetivo "Independente" conforme terminologia adotada pelo CFC – Conselho Federal de Contabilidade; está limitada à aprovação (ou não) das Demonstrações Contábeis destinadas à publicação e informação aos acionistas e ao mercado. Complementarmente, visando dar maior segurança a operações da empresa auditada, apresenta uma "Carta à Diretoria" recomendando alterações no Sistema de Controles Internos e, nesta ação, assemelha-se a um consultor.

Com base em Dalla Zanna (2012b) e nas normativas do CFC, elaboramos um esquema comparativo das normas profissionais do perito com relação àquelas relativas ao auditor externo, como você pode verificar a seguir.

Comparativo das normas brasileiras de contabilidade relacionadas à perícia contábil e ao auditor externo

| Normas | |
|---|---|
| **Perícia contábil** | **Auditoria externa** |
| Resolução CFC n. 857/1999 – NBC P 2: normas profissionais do perito.<br><br>Resolução CFC n. 858/1999 – NBC T 13: trata da perícia contábil.<br><br>Resolução CFC n. 1.243/2009 – NBC TP (R1): consolidou as duas normas citadas anteriormente. Foi editada em 10 de dezembro de 2009 e está em vigor. Todavia, para fins desta obra, considerou-se adequado e necessário trazer a lume as duas resoluções anteriores, n. 857/1999 e n. 858/1999.<br><br>NBC TP 01 (R1): foi primeiramente aprovada em 27 de fevereiro de 2015, com versão revisada em 27 de março de 2020. Trata-se da norma mais atual em vigor, revogando a Resolução CFC n. 1.243/2009. | Resolução CFC n. 820/97 – NBC T 11: normas de auditoria independente.<br><br>Resolução CFC n. 821/97: normas profissionais do auditor independente.<br><br>Resolução CFC n. 915/01: normas profissionais e sigilo.<br><br>Resolução CFC n. 923/2002: revisão externa pelos pares.<br><br>Resolução CFC n. 1.203/2009 – NBC TA 200: objetivos gerais do auditor independente. Revoga a antiga NBC T 11. |

| Conceitos | |
|---|---|
| **Perito** | **Auditor** |
| O perito é o contador regularmente registrado em CRC que exerce a atividade pericial de forma pessoal; deve ser profundo conhecedor, por qualidades e experiência, da matéria periciada. | NBC TA 200: *auditor* é usado em referência à pessoa ou pessoas que conduzem a auditoria, geralmente o sócio do trabalho ou outros integrantes da equipe de trabalho, ou, como aplicável, à firma.<br><br>A NBC PP 1, salvo melhor entendimento, não conceitua o auditor independente, mas sabe-se, por ser fato notório, que é o contador regularmente registrado no CRC que exerce a profissão como membro de uma empresa de auditoria. Dentro da empresa, atua segundo a posição que ocupa no organograma e pode ser um dos sócios, diretor, associado, auditor sênior, auditor semissênior, auditor júnior ou estagiário.<br><br>A NBC PP 1, salvo melhor entendimento, não conceitua o auditor independente, mas sabe-se, por ser fato notório, que é o contador regularmente registrado no CRC que exerce a profissão como membro de uma empresa de auditoria. Dentro da empresa, atua segundo a posição que ocupa no organograma e pode ser um dos sócios, diretor, associado, auditor sênior, auditor semissênior, auditor júnior ou estagiário.<br><br>Quando atua na condição de profissional autônomo, devidamente registrado na Comissão de Valores Mobiliários (CVM), exerce suas atividades em nome pessoal. |

## Competência técnico-profissional

| Perito | Auditor |
|---|---|
| O perito contábil deve:<br>• manter seu nível de competência profissional pelo conhecimento atualizado de tudo o que diz respeito à sua especialidade profissional, inclusive aspectos jurídicos e legais, realizando seus trabalhos com observância da equidade;<br>• conhecer profundamente o tema ou o campo objeto de seu trabalho pericial.<br><br>O espírito de solidariedade do perito-contador e do perito-contador assistente não induz nem justifica a participação ou a conivência com erros ou atos infringentes das normas profissionais e éticas que regem o exercício da profissão contábil.<br><br>A nomeação para atuar como perito judicial ou como assistente técnico deve ser considerada uma distinção e um reconhecimento da capacidade e da honorabilidade do profissional.<br><br>Sempre que o trabalho pericial estiver fora dos conhecimentos especializados do profissional escolhido ou nomeado, este deve escusar-se e requerer que outro o substitua. | O auditor externo deve:<br>• manter seu nível de competência profissional pelo conhecimento atualizado de tudo o que diz respeito à sua especialidade profissional;<br>• conhecer o campo de atuação da empresa objeto de auditoria;<br>• inteirar-se das atividades da empresa objeto de auditoria para avaliar sua capacidade de atender ao serviço, segundo as necessidades deste;<br>• recusar os serviços sempre que reconhecer não estar tecnicamente preparado para atendê-los. |

## Independência

| Perito | Auditor |
|---|---|
| O perito-contador e o perito-contador assistente devem ser independentes. Isso significa que não podem deixar-se influenciar por argumentações de terceiros, preconceitos e outros elementos que prejudiquem sua autonomia. Deverão denunciar fatos que cerceiem sua independência ao magistrado que os nomeou ou à pessoa (física ou jurídica) que os indicou. | O auditor deve ser independente. Isso significa que não pode deixar-se influenciar por argumentações de terceiros, preconceitos e outros elementos que prejudiquem sua autonomia. |

## Impedimento

### Perito

O perito-contador deverá declarar-se impedido de executar perícia contábil quando:
- for parte no processo;
- houver atuado como perito-contador assistente ou prestado depoimento como testemunha no processo;
- um parente estiver postulando no processo;
- tiver interesse (ou algum parente seu) no resultado do trabalho pericial;
- exercer função ou cargo incompatível com a atividade de perito-contador;
- a matéria em litígio não for de sua especialidade;
- quando os recursos humanos e materiais de que dispuser não forem suficientes para desincumbir-se da missão que lhe foi confiada. Informará esse fato, por petição, ao juízo que o nomeou e/ou por carta à parte que o indicou como assistente técnico.

### Auditor

O auditor externo não pode:
- atuar na empresa ou grupo de empresas objeto de auditoria se nela(e) trabalhou no passado ou com ela(e) mantém algum tipo de relacionamento comercial;
- atuar como auditor em empresa na qual tenha algum vínculo de parentesco com os administradores, sócios, acionistas e empregados;
- atuar como auditor em empresa na qual tenha alguma participação como acionista ou sócio, ainda que de forma indireta.

Portanto, na ocorrência das situações citadas, deverá recusar-se a prestar o serviço de auditoria.

## Responsabilidade e zelo

### Perito

O perito contábil deve:
- cumprir os prazos estabelecidos no processo ou no contrato de prestação de serviços;
- zelar por suas prerrogativas profissionais, na condição de representante do magistrado que o nomeou, nos limites de suas funções periciais, fazendo-se respeitar e agindo sempre com seriedade e discrição.

É importante destacar que os profissionais envolvidos com o trabalho pericial (perito-contador e perito-contador assistente) devem se respeitar mutuamente.

### Auditor

O auditor externo deve ser zeloso, cuidadoso e imparcial. Apesar de a auditoria não ter como objetivo precípuo a descoberta de fraudes, no caso de vir a descobri-las durante seu trabalho, o auditor deverá informar à alta administração imediatamente.

Constatadas irregularidades na escrituração contábil que afetam as demonstrações contábeis, o profissional deve revelar o fato à alta administração e fundamentar seus procedimentos e suas informações nas normas brasileiras de contabilidade.

## Honorários

| Perito | Auditor |
|---|---|
| • É recomendável que o profissional da perícia contábil estabeleça *a priori*, mediante orçamento, o valor de seus honorários.<br>• Os elementos que definem a cobrança dos honorários do perito-contador e do perito-contador assistente são: a relevância, o vulto, o tempo, o risco pessoal e profissional e a complexidade dos serviços a serem executados.<br>• Devem ser levadas em conta a quantidade de horas estimadas em cada fase do trabalho e a qualificação do pessoal que atuará em colaboração com o perito oficial.<br>• Deve ser considerado o prazo fixado pelo magistrado para a conclusão dos trabalhos.<br>• Em face da demora com que são pagos os honorários periciais no âmbito da Justiça, deve-se estabelecer a forma de atualização monetária que será aplicada, após serem arbitrados.<br>• O perito-contador assistente pode, caso queira, vincular os honorários ou parte deles ao sucesso do processo. Nesse caso, seu contrato de honorários será do tipo *ad exitum*. | • Os elementos que definem a cobrança dos honorários do auditor independente são: a relevância, o vulto, a complexidade e o tempo consumido para executar o trabalho contratado.<br>• Deve ser levada em conta a peculiaridade de tratar-se de cliente eventual, habitual ou permanente.<br>• Deve ser considerada a qualificação técnica dos membros da equipe de profissionais que vão atuar no caso.<br>• É preciso identificar, para efeito de honorários, o lugar onde serão prestados os serviços, fixando, desde logo, como serão pagos os custos de viagens e hospedagens.<br>• A "carta-proposta" fornecida pelo auditor ao cliente deverá conter a descrição dos serviços a serem realizados, os termos legais que fundamentarão o trabalho, o prazo estimado, os relatórios que serão fornecidos ao final e as condições de pagamento dos honorários, inclusive a previsão contratual de eventual extensão das horas estimadas. |

## Guarda da documentação

### Perito

Apesar de não existir indicação de como proceder na função de perito, recomenda-se ao profissional que guarde por dez anos os papéis de trabalho relacionados a cada caso (processo): cópias de documentos, parte dos livros contábeis e fiscais usados em suas investigações, cálculos, planilhas, cópia das comunicações mantidas com os assistentes técnicos, cópia do termo de diligência e documentos congêneres, cópia de seu laudo e de todas as petições que produziu.

Esse prazo está relacionado ao tempo que pode demorar a fase instrutória (de conhecimento) de um processo. Para economia de espaço, recomenda-se arquivar em meio eletrônico as provas documentais que considerar necessárias para novas e eventuais intervenções.

Há colegas que pensam um pouco diferente, ou seja, entendem que tudo de que se necessita estará arquivado nos autos do processo e que qualquer nova intervenção que lhes seja requerida, depois de ter protocolado o laudo, será atendida unicamente com o que constar nos autos.

### Auditor

O auditor externo (independente) deve conservar, pelo prazo de cinco anos ou mais, a seu critério, a contar da data de entrega de seu parecer e demais relatórios, toda a documentação, os papéis de trabalho, os próprios relatórios e os pareceres correspondentes aos serviços prestados.

A empresa de auditoria externa (independente) mantém uma pasta que chama de permanente, na qual estão os dados realmente permanentes da empresa auditada, como: documentos de sua fundação e alterações contratuais; registros na Junta Comercial, na Secretaria da Fazenda, na Prefeitura, na Receita Federal, no INSS e na Caixa Econômica Federal; atas de assembleias e de reuniões da Diretoria; informações sobre processos judiciais em que figura tanto como autora quanto como na posição de ré etc. Esses documentos, salvos em uma "pasta própria", reúnem a história da empresa e as informações legais, fiscais e societárias que não sofrem grandes alterações no decorrer do tempo.

A empresa de auditoria externa (independente) forma, todo ano, uma pasta ou um conjunto delas que chama de pasta do exercício. Nela estão as informações – os papéis de trabalho – produzidas no ano precedente ao atual. Seu conteúdo será usado pelo profissional que for destacado para os trabalhos do próximo período (próximo exercício). Será com base nas informações contidas nessa "pasta do exercício" que o profissional iniciará a auditoria do próximo período e assim sucessivamente. Cada período auditado gera uma "pasta do exercício" própria.

## Sigilo

| Perito | Auditor |
|---|---|
| O contador, na função de perito, deve respeitar e assegurar o sigilo do que for apurado.<br><br>É defeso ao perito dar publicidade de seu trabalho, seja qual for a circunstância, salvo quando houver obrigação judicial ou legal de fazê-lo. O prazo do sigilo deve perdurar desde antes do trabalho pericial, durante e depois da entrega do laudo.<br><br>No caso de vir a ser substituído por outro profissional no decorrer do trabalho pericial, ainda assim deve manter o sigilo a respeito de tudo o que examinou.<br><br>Quando for solicitado por órgão fiscalizador das atividades profissionais ou pelo Ministério Público ou por outras pessoas interessadas em prestar esclarecimentos a respeito de seu trabalho pericial, fá-lo-á somente após obter a devida autorização judicial e apenas no que for perquirido.<br><br>Quando ocorrer a quebra do sigilo e isso provocar perdas para uma ou para todas as partes envolvidas no processo, o perito estará sujeito a indenizá-las pelas perdas e danos por ele causados, inclusive os morais. | O sigilo deve ser observado nas relações que o auditor mantiver com a entidade auditada, com outros auditores, com os organismos fiscalizadores e com terceiros.<br><br>É defeso ao auditor dar publicidade de seu trabalho, seja qual for a circunstância, salvo quando houver obrigação judicial ou legal.<br><br>No caso de vir a ser substituído por outro profissional (auditor) e mediante prévia autorização da empresa auditada, poderá dar as informações que lhe forem autorizadas por escrito.<br><br>Quando fiscalizado pelos "pares", deverá exibir toda a documentação conforme previsto em norma brasileira de contabilidade que trata do assunto.<br><br>Quando ocorrer a quebra do sigilo e isso provocar perdas e danos para seu cliente, o auditor poderá sofrer processo judicial com o propósito de indenizar as perdas e os danos que causou. Danos morais podem ser sentenciados, ainda que raramente, em favor da pessoa jurídica. |

## Responsabilidade pelo trabalho de colaborador

| Perito | Auditor |
|---|---|
| O perito judicial responde pessoalmente pelo trabalho realizado por ele e por qualquer um de seus auxiliares usado no laudo. Considerando-se que o trabalho pericial é uma tarefa pessoal e intransferível e que o laudo será sempre assinado por ele, qualquer responsabilidade não implica o envolvimento de seus auxiliares. | Quando o auditor externo utilizar trabalhos elaborados pela auditoria interna e concordar com as conclusões desses trabalhos, usando-os, até mesmo, para elaborar seu parecer, sua responsabilidade para com o todo de seu parecer permanecerá inalterada. |

## Utilização de especialistas

### Perito

O perito-contador e o perito-contador assistente podem valer-se de especialistas de outras áreas para fazer trabalhos em áreas ou assuntos em que não se sentem capacitados ou em área cuja atuação requer formação específica e correspondente registro profissional. Por exemplo: o serviço pericial de um engenheiro para avaliar imóveis; o serviço de um grafotécnico para identificar a falsificação de assinatura; ou, ainda, o serviço de um documentoscopista para identificar documento fraudulento.

Quando nomeado pelo juiz, o perito-contador poderá pedir-lhe que nomeie, concomitantemente, outro perito especialista em assunto que usará em seu laudo.

Existe a hipótese de o perito-contador requerer ao magistrado que o laudo seja apresentado nos autos somente depois de os outros peritos, de outras especialidades, terem reunido os deles. Assim procedendo, poderá considerar, por exemplo, não somente o valor contábil dos imóveis, mas o valor da avaliação do perito engenheiro, e assim por diante.

### Auditor

O auditor pode utilizar a contribuição profissional de especialistas em matéria não contábil, como assuntos de engenharia de produção ou de propaganda e *marketing*. Nesse caso, o profissional escolhido será responsável pelas conclusões oferecidas e incorporadas pelo auditor em seu parecer.

## Informações anuais aos CRCs

### Perito

Inexiste para o perito-contador essa obrigação profissional.

### Auditor

O auditor independente responsável perante o CRC deverá enviar-lhe as informações previstas nessa norma, principalmente a relação dos clientes e dos profissionais que atuam sob seu comando.

## Educação continuada

| Perito | Auditor |
|---|---|
| O perito-contador e o perito-contador assistente, no exercício de suas atividades, devem comprovar a participação em programas de educação continuada, na forma a ser regulamentada pelo CFC.<br><br>Entretanto, até o presente momento, o CFC não conseguiu identificar os itens para um programa de treinamento continuado que atenda, com eficácia, às necessidades do profissional de perícias contábeis.<br><br>A principal dificuldade, ao que tudo indica, está na multiplicidade de casos que o perito-contador enfrenta, excetuando-se aqueles relacionados a cálculos trabalhistas.<br><br>A Resolução CFC n. 1.243, de 10 de dezembro de 2009 (CFC, 2009b), que consolidou e atualizou as Resoluções n. 857/1999 e n. 858/1999, é, por enquanto, a melhor contribuição técnica que o CFC produziu para o exercício da especialidade profissional de perito-contador. | O auditor independente, no exercício de sua atividade, deverá comprovar a participação em programas de educação continuada, na forma regulamentada pelo CFC. |

## Exame de competência profissional

| Perito | Auditor |
|---|---|
| Salvo melhor entendimento das Normas Brasileiras de Contabilidade (NBCs) aplicáveis à perícia, inexiste, para o perito contábil, a obrigação de submeter seus conhecimentos ao crivo da autoridade contábil para que esta conceitue o nível de sua competência profissional. | O auditor independente, para poder exercer a atividade, deverá submeter-se a exames de competência profissional, na forma regulamentada pelo CFC. |

Fonte: Elaborado com base em Dalla Zanna, 2012b; CFC, 2009a, 2009b, 2009c, 2015a, 2015b.

Portanto, auditoria e perícia não são a mesma atividade, embora sejam procedimentos analíticos executados por profissionais de contabilidade. A perícia serve a um processo, a um tempo determinando questionamentos claros, necessidades explícitas; a auditoria, por seu lado, busca atender a necessidades de instituições, como empresas ou consultorias, atingindo interesses de maior número de pessoas e sem necessidade de grande rigor metodológico. A amostragem, por exemplo, é um procedimento constante em auditorias e inabitual em perícias. A perícia apresenta uma visão global de todas as operações de uma empresa, mas tem caráter eventual, produzindo ao fim uma opinião como prova, não como conceito aplicável – a partir de então, como procedimento para o futuro.

A comparação entre as especialidades nos permitiu verificar que existem muitos pontos de semelhança entre elas. No entanto, seus escopos, bem como os frutos e os objetivos do trabalho de um e outro são bastante diversos. "Na verdade, as duas atividades são especializações profissionais do contador que, na prática, exigem conhecimentos e comportamentos éticos semelhantes" (Dalla Zanna, 2012a, p. 3).

A perícia contábil é uma atividade que, geralmente, acaba sendo passada de pai para filho, em virtude da sua complexidade e também da sua forma de atuação, que é autônoma no meio judicial. Já a auditoria é executada pelas empresas formalmente constituídas.

**Diferenças de procedimento e de conclusão dos trabalhos entre o perito-contador e o auditor**

Também nos procedimentos ou diligências as funções de perito-contador e auditor diferem, principalmente no que diz respeito às análises e às inspeções físicas realizadas por auditor. Como o material sobre o qual o perito se debruça é, em geral, passado e registrado nas demonstrações contábeis, não é usual que esse profissional realize inspeções físicas. Vejamos a seguir um quadro desenvolvido por Dalla Zanna (2012b) sobre essa questão.

## Quadro 2.2 – Diferenças de procedimentos entre perito e auditor contábil

| Procedimentos gerais de perícia contábil para a realização do trabalho pericial | Procedimentos gerais de auditoria contábil (auditoria externa) para dar o "parecer" |
|---|---|
| Exame de análise de livros e documentos. | Exame de análise de livros e documentos. |
| Conferência de cálculos. | Conferência de cálculos. |
| Exame da qualidade e confiabilidade da escrituração. | Exame da qualidade e confiabilidade da escrituração. |
| Exame de livros auxiliares. | Exame de livros auxiliares. |
| Vistoria (situação atual das coisas). | Exame físico (levantamento dos bens materiais, bens físicos e seu estado de conservação e/ou operação). |
| Indagação (a respeito do "modus operandi" da empresa, ligado aos fatos objeto de prova pericial). | Observação (do "modus operandi" da empresa para aferir a eficácia dos controles internos). |
| Idem acima. A aplicação de questionário previamente elaborado pode ajudar o trabalho pericial. | Inquérito (aplicação de questionário previamente elaborado). |
| Investigação (revelar o que está oculto). | Investigação minuciosa. |
| Arbitramento (dar valor por critério técnico, de natureza econômica e contábil). | Não há necessidade de procedimento semelhante ao da perícia. À auditoria contábil não cabe arbitrar valores. Estes devem estar fundamentados em coisas físicas ou direitos constituídos e sua avaliação deve ser feita em conformidade com as NBC. |
| Mensuração (dar valor por critério técnico contábil, fundado em provas documentais ou na avaliação de bens físicos). | A auditoria usa intensamente este procedimento para validar o saldo das contas contábeis das quais se originam as demonstrações contábeis. Ex.: inventário dos estoques, reconciliação bancária e etc. |
| Avaliação (dar valor por critérios técnicos não contábeis, tais como: valor de novo, valor no estado, valor de reposição, valor de uso etc.). | Não há procedimento equivalente ao da perícia. |
| Certificar (dar ou negar autenticidade às informações contidas no processo ou de documentos e livros examinados). | Estabelecer correlação de informações obtidas. |
| Conferência reservada entre o perito oficial e os assistentes técnicos (art. 474-A do CPC). | Reunião com os envolvidos: auditor(es), gerentes e diretores da empresa auditada. |

FONTE: Dalla Zanna, 2012b.

Desse modo, é possível perceber as semelhanças e as diferenças no trabalho de campo entre um procedimento pericial contábil e uma auditoria externa. Ambas as funções serão apresentadas de maneira diferente, com objetivos diferentes e resultados distantes, seja em processos judiciais, seja em mudanças de procedimentos empresariais. Quanto à apresentação de relatórios ou laudos e pareceres ao fim dos trabalhos, Dalla Zanna (2012b) elaborou um quadro bastante significativo, o qual apresentamos a seguir.

Quadro 2.3 – Apresentação da conclusão dos trabalhos de auditor e perito

| Procedimentos de conclusão do trabalho pericial | Procedimentos de conclusão do trabalho de auditoria |
| --- | --- |
| 1. Confecção do laudo pericial contábil e juntada do mesmo aos autos do processo mediante protocolo. Existe a possibilidade de lavratura única do laudo pericial contábil com assinatura conjunta do perito judicial e assistentes técnicos, mas, por várias razões, isto raramente ocorre. | 1. Apresentação de Demonstrações Contábeis e parecer da auditoria para publicação. |
| 2. Não há procedimento correspondente a este adotado pela auditoria. | 2. Apesar da publicação do Parecer dos auditores independentes não depender de aprovação da alta direção da empresa auditada, é usual submetê-lo ao conhecimento prévio desta. |
| 3. Não há procedimento correspondente ao adotado pela auditoria. A revisão e a discussão do trabalho do perito oficial são feitas nos autos do processo e decorrem da apresentação de pareceres técnicos divergentes oferecidos pelas partes e contestações ao laudo pericial, estas apresentadas pelos senhores Advogados. | 3. Apresentação do "Relatório à Gerência" em forma de "Minuta para Discussão e Revisão". |
| 4. Não há procedimento correspondente a este adotado pela auditoria. | 4. Revisão, discussão e entrega na forma definitivamente acertada com a diretoria, do "Parecer" e do "Relatório à Gerência". |

Fonte: Dalla Zanna, 2012b.

A auditoria tem como objetivo uma visão mais abrangente das operações de uma empresa, da gestão, da constituição do patrimônio, da verificação do atendimento aos objetivos iniciais da organização, da satisfação dos clientes e interessados e do alcance social da instituição. A auditoria parte de um pressuposto de confiança nos controles internos e tem como produto final um relatório e um parecer do auditor, referentes apenas aos fatos estudados, muitas vezes por amostragem. Portanto, o parecer deve conter a opinião do auditor sobre as demonstrações contábeis verificadas, se refletem ou não a situação real do patrimônio, ativo e passivo, do auditado. O objetivo é sempre a melhor qualidade dos registros e processos, não uma orientação para decisão judicial sobre demandas, como na perícia.

A perícia, por sua vez, toma como base os fatos e atos em determinado período, questionado pelo juiz, geralmente gerando pareceres ou laudos técnicos e científicos, procedimentos cuja meta é a sentença judicial, no caso de ser pedido por juiz. No caso de arbitragens, a meta é a sentença arbitral; já em perícias extrajudiciais, é o acordo extrajudicial.

## Síntese

A perícia pode ser realizada em diferentes situações, dentro de processos judiciais, a pedido do magistrado ou a pedido das partes. Em procedimentos de arbitragem, ela pode ser exercida extrajudicialmente. A norma NBC TP 01 (R1) do CFC é bastante judiciosa em suas determinações para a realização de perícias judiciais e extrajudiciais.

## Questões para revisão

1. A perícia abrange sete grandes áreas, segundo Dalla Zanna (2011). Entre as opções a seguir, assinale qual **não** faz parte dela:

a) Contabilidade.
   b) Finanças.
   c) Administração da empresa.
   d) Administração da qualidade.
   e) Área fiscal.

2. Complete a oração a seguir com a opção correta: "As áreas da perícia contábil são sete. A área _____ – nesse caso, a perícia – atua sobre o auto de infração e imposição de multa (Aiim) já lavrado pela autoridade fiscal. Ela vistoria livros e documentos segundo os quesitos formulados pelas partes".
   a) Contábil.
   b) Fiscal.
   c) Previdenciária.
   d) Trabalhista.
   e) Economia empresarial.

3. Qual dos itens a seguir não faz parte das qualidades intrínsecas dos livros fiscais?
   a) Encadernação.
   b) Numerações sequenciais mecanizadas ou tipográficas.
   c) Rubrica das folhas.
   d) Termos de aprovação do Conselho Regional de Contabilidade (CRC).
   e) Assinatura do(s) proprietário(s) e de profissional contábil, técnico ou contador.

4. No caso de perícia judicial, os trabalhos ocorrem, inicialmente:
   a) em cartório de registros civis.
   b) em cartório da vara no qual o perito foi nomeado.
   c) em cartório de notas do município.
   d) direto na empresa onde ocorre a perícia.
   e) na contabilidade e na área fiscal da empresa.

5. A intimação do perito judicial, de acordo com o art. 273 do Código de Processo Civil (CPC), é feita pelo escrivão diretor ou pelo escrevente por ele designado para tal tarefa. Note-se que o magistrado não intima, ele nomeia e encarrega o cartório para que o faça. As maneiras mais comumente utilizadas para intimar o perito a respeito de sua nomeação são:

   I.   Por telefone.
   II.  Por carta comum sem aviso de recebimento (AR).
   III. Por carta com AR.
   IV.  Por mandado oficial via oficial de justiça e assinatura da contrafé.
   V.   Por *e-mail*.

   Agora, assinale a alternativa correta:
   a) Somente as afirmações II e III estão corretas.
   b) Somente as afirmações I, II e III estão corretas.
   c) Somente a afirmação IV está correta.
   d) Somente as afirmações II, III e IV estão corretas.
   e) Todas as afirmações estão corretas.

## *Perguntas & respostas*

**1. A perícia contábil se caracteriza por quais ações principais?**

Pelo exame de um fato ou de um conjunto de fatos citados nos autos de um processo (caso de perícia judicial) ou no contrato ou carta-proposta (caso de perícia extrajudicial) e cuida apenas desses fatos.

**2. Como se encaixa a perícia contábil entre as provas judiciais?**

No meio jurídico, comumente as provas podem ser apresentadas de três maneiras: (a) documental; (b) testemunhal, audiência de instrução e julgamento; e (c) prova técnica. É como prova técnica que se insere a perícia contábil realizada por contador legalmente nomeado. Quanto à prova pericial, Gonçalves (1968, p. 7) define o seguinte: "é o exame hábil de alguma coisa realizada por pessoas habilitando o perito para determinado fim, judicial ou extrajudicial.

## 3. Quais tipos de perícia podem ser solicitados por um magistrado?

A perícia pode ser classificada quanto ao ambiente em que é requisitada:

- Perícia judicial é aquela realizada dentro dos procedimentos processuais do Poder Judiciário, por determinação, requerimento ou necessidade de seus agentes ativos, e se processa segundo regras legais específicas.
- Perícia semijudicial é aquela realizada dentro do aparato institucional do Estado, porém fora do Poder Judiciário, tendo como finalidade principal ser meio de prova nos ordenamentos institucionais usuais.
- Perícia extrajudicial é aquela efetuada fora do Estado, por necessidade e escolha de entes físicos e jurídicos particulares no sentido estrito.
- Perícia arbitral é aquela elaborada no juízo arbitral – instância decisória criada pela vontade das partes.

Ou, ainda, com base na divisão de Santos (1955):

- Quanto ao processo: **perícia judicial** – ocorre no decurso de ação judicial; e **extrajudicial**, fora da instância judicial, em acordo das partes para esclarecimento de dúvidas em relação a fatos de interesse de ambas.
- Quanto à admissibilidade: **facultativa**, na qual é de decisão do juiz negar ou conceder sua admissão no processo, e neste caso pode ser considerada "de ofício" se determinada pelo juiz; ou ainda "requerida" se as partes a requererem; e **obrigatória** ou **necessária**, quando a legislação determina sua admissão, como ocorre costumeiramente na Justiça do Trabalho.

- Quanto à conveniência: conforme o curso da instância em que tenha lugar, podendo ser dita *praesenti*, se proposta e aceita como medida preparatória com o fim de estabelecer a pertinência dos fatos; ou *in futuru*, se realizadas antecipadamente por necessidade de suprir a falta de provas na propositura da ação.
- Quanto à espécie: conforme a modalidade de perícia praticada, sendo dividida então em **exame pericial**, que é a inspeção feita por perito em coisas, pessoas (fala-se das perícias em geral) ou documentos no processo; **vistoria**, que é a inspeção ocular de avaliação do estado de alguma coisa; ou ainda **avaliação** (ou **arbitramento**), por meio da qual se avaliam os valores monetários de coisas, direitos ou obrigações em litígio.

4. **Quais são as etapas em que se realiza a perícia?**

   Nomeação e planejamento: carga ou recebimento; leitura do processo; aceitação ou não; proposta de honorários. Execução da perícia: sumário; ajuste com assistentes; diligências; viagens; pesquisa documental; programa de trabalho; revisões técnicas; prazo suplementar ou não; entrega do laudo contábil.

5. **Como podem ser classificadas as perícias segundo as diversas conjunturas operacionais em que podem ser realizadas? Comente cada uma.**

   Segundo as diversas conjunturas operacionais em que podem ser realizadas as perícias, temos:

   I. Perícias judiciais (determinadas dentro dos autos de um processo por despacho de um juiz) – podem ser classificadas como:

   - Necessárias (previstas em lei, como é o caso da lei de falências e concordata; portanto, não podem deixar de

ser feitas – são perícias obrigatórias) ou facultativas (requeridas pelas partes, pelo Ministério Público ou pelo próprio magistrado).
- Oficiais (determinadas pelo próprio magistrado com base em sua vontade) ou requeridas (pleiteadas pelas partes ou pelo Ministério Público).
- Para efeito presente (têm utilidade imediata, para um julgamento iminente) ou *ad perpetuam rei memoriam* (o laudo pericial fica arquivado no Ofício do Cartório onde o processo correu com a finalidade de ser consultado posteriormente para atender a quaisquer demandas futuras).
- Diretas (realizadas com base na documentação juntada no processo e nos termos do art. 477 do Código de Processo Civil – CPC) ou indiretas (contam apenas com os documentos juntados aos autos pelas partes. Não se aplica o art. 429 do CPC, pois o perito está legalmente impedido de acessar informações em poder de pessoas – físicas e/ou jurídicas – que não são partes nos autos do processo; no máximo cabe-lhe peticionar ao magistrado que mande as partes e/ou os terceiros anexarem ao processo documentos e informações ainda não juntados e que, se e quando isso ocorrer, possibilitarão um trabalho pericial melhor. Nesses casos, são feitos ofícios à Receita Federal, Estadual e Municipal, ao Banco Central etc.

II. Perícias extrajudiciais (determinadas por qualquer pessoa física ou jurídica fora do âmbito da Justiça), quando realizadas em um contexto não litigios
III. Perícias arbitrais (demandadas por um árbitro atuando em um juízo arbitral), quando realizadas no contexto de um juízo arbitral.

## Exercícios resolvidos

1. **Indique a hipótese em que, de acordo com as Normas Brasileiras de Contabilidade (NBCs), o sigilo profissional poderá ser rompido:**

    a) Depois de concluído e entregue o trabalho pericial.
    b) Quando em defesa de sua conduta profissional, autorizado pelas partes envolvidas.
    c) Quando ocorrer o desligamento do perito-contador antes de o trabalho ser concluído.
    d) Se o perito-contador for substituído pelo juiz.
    e) Se o perito-contador for substituído pelo promotor.

    Resposta: b. O Código de Defesa do Contabilista permite que o sigilo profissional seja rompido quando for necessário para defesa profissional, autorizado pelas partes envolvidas.

2. **Se a perícia não for concluída no prazo determinado, o perito-contador deverá:**

    a) Desistir da perícia, comunicando a decisão em audiência.
    b) Solicitar às partes, por escrito, nova data.
    c) Solicitar ao juiz, antes do prazo estabelecido para conclusão, prorrogação da sua vigência.
    d) Entregar o laudo da perícia, ainda que não concluído.
    e) Entregar o parecer técnico, ainda que não concluído.

    Resposta: c. Conforme o Código de Processo Civil (CPC), é permitido que o perito judicial solicite por escrito a prorrogação do prazo quando necessário para o término da perícia.

# Estudo de caso

**Analise o caso a seguir levando em consideração as Normas Brasileiras de Contabilidade (NBCs) relacionadas à perícia contábil.**

Um técnico em contabilidade foi nomeado para produzir a prova pericial requerida nos autos e deferida pelo magistrado. Retirou os autos, fez contato telefônico com os assistentes técnicos e marcou local, data e horário para realizar a primeira diligência à empresa objeto da prova pericial. Conforme a agenda acertada, os três se encontraram. Na reunião, da qual participou o *controller* da empresa, foram definidos quais livros e documentos seriam colocados à disposição do perito e levados ao seu escritório em um prazo de dez dias. Tudo combinado verbalmente, tomaram o cafezinho de praxe e despediram-se como amigos e companheiros. Passado o prazo de dez dias, os documentos e livros solicitados não chegaram ao escritório do perito. Este tentou contato telefônico com o assistente técnico da empresa ré sem sucesso, mandou vários *e-mails* para o *controller*, mas não obteve resposta. Aborrecido com o que estava acontecendo e tendo chegado ao fim o prazo de trinta dias para apresentação do laudo, peticionou ao magistrado para ser substituído. Alegou que havia conseguido mais dois clientes para o seu escritório e que não lhe sobrava mais tempo para fazer perícias.

Fonte: Elaborado com base em Alberto, 1996.

As considerações sobre o caso são as seguintes:

I. As perícias contábeis, tanto as judiciais quanto as extrajudiciais e arbitrais, são de competência exclusiva de contador registrado no Conselho Regional de Contabilidade (CRC). Na qualidade de técnico de contabilidade, deveria, desde logo, pedir substituição.

II. Nas diligências, o perito oficial e os assistentes técnicos devem, em comum acordo, relacionar os livros, os documentos e os dados de que necessitam, solicitando-os por escrito, em termo de diligência. E isso não foi feito pelo perito, que deixou tudo acertado verbalmente.

III. O perito não era contador. Além disso, pelo seu comportamento, pode-se deduzir que não era profundo conhecedor de sua tarefa.

IV. O perito não conseguiu zelar por suas prerrogativas profissionais, fazendo-se respeitar e agindo sempre com seriedade e discrição.

*O perito-contador e as diligências* **3**

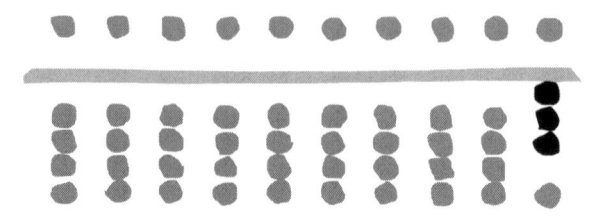

**Conteúdos do capítulo:**

- Responsabilidade e zelo.
- O contrato de prestação de serviços profissionais em perícia extrajudicial, semijudicial e arbitral.
- Diligências.
- Os tipos de diligências.
- Planejamento das diligências.
- Como são executadas as diligências.
- O termo de diligência.

**Após o estudo deste capítulo, você será capaz de:**

1. conhecer o perito-contador e as normas referentes aos trabalhos periciais;
2. conceituar as diligências e entender como são feitas;
3. elencar os requisitos de suspeição e impedimento do perito.

Neste capítulo, apresentaremos o processo de nomeação dos peritos pelo juiz e estabeleceremos os parâmetros para a construção dos quesitos que envolvem a perícia e o planejamento dos trabalhos do perito-contador, bem como os procedimentos adotados para elaboração, planejamento e execução de diligências necessárias durante o processo. Centramos nossa discussão na pessoa do perito e nas restrições que as normas legais trazem a respeito dessa função, bem como na realização de diligências no decorrer do trabalho pericial.

O papel do perito técnico e dos peritos assistentes é de suma importância nos processos judiciais, dando às demandas respaldo de conhecimento técnico e auxílio ao juiz nas tomadas de decisão, facilitando a aplicação da justiça e o andamento correto dos processos.

## 3.1 Perito: definição e requisitos

O vocábulo *perito* deriva do latim *peritu*, que designa aquele que entende ou conhece em profundidade, quem tem experiência em determinado assunto ou conteúdo. O perito é o profissional que apresenta reconhecido saber técnico e científico, aprimoramento e especialização em sua área de atuação.

A fim de chegar a ter competência para exercer a função de perito, o contador deve sempre se especializar, com o fito de adquirir completo domínio sobre a matéria que será posta sob seu exame, para poder melhor analisar e averiguar os quesitos postos e apresentar suas conclusões sem qualquer dúvida.

Nesse sentido, Mello e Santos (2004, p. 84) destacam que o profissional deve:

> Estar sempre se especializando, pois a conquista de serviços depende tanto do custo quanto da qualidade em que os serviços são oferecidos. A competência dos serviços pode ser entendida não só pela boa técnica, mais se deve considerar a necessidade e a satisfação do cliente, e que a mesma vem ao perceber que o resultado do seu pedido ficou de acordo com o esperado.

Para Ornelas (2018, p. 25), por definição, o perito profissional deve apresentar ao menos duas qualidades:

> Deve possuir cultura geral e contábil profundas que lhe permitam colaborar com o magistrado na verificação ou apreciação dos fatos contábeis objeto da lide, de modo a supri-lo daqueles conhecimentos técnicos ou científicos que este não possui. Outra qualidade inerente é a de ser profissional habilitado, ou seja, deve ter capacidade legal para o exercício da função pericial contábil advinda de seu título universitário de bacharel em Ciências Contábeis, ou equiparado, devidamente registrado no Conselho Regional de Contabilidade.

Ornelas (2018, p. 23) complementa com os requisitos necessários para o exercício da função:

> Conhecimentos gerais e profundos da ciência contábil, teórica ou aplicada em suas várias manifestações organizacionais públicas e privadas, além de outras áreas correlatas, como, por exemplo, matemática financeira, estatísticas, assuntos tributários, técnicas e práticas de negócios, bem como domínio do direito processual civil, em especial quanto aos usos e costumes relativos à perícia, e da legislação correlata, são essenciais ao desempenho competente da função pericial aliados com qualidades de espírito que o fazem perspicaz, crítico, hábil e circunspeto.

O trabalho pericial contábil, feito de modo competente e empregando o conhecimento expresso de maneira adequada e persistente, determina a qualidade do resultado.

O perito é citado como auxiliar da Justiça em artigo específico do novo Código de Processo Civil (CPC) – Lei n. 13.105, de 16 de março de 2015 – junto a outras funções e profissões exercidas com esse escopo:

> Art. 149. São auxiliares da Justiça, além de outros cujas atribuições sejam determinadas pelas normas de organização judiciária, o escrivão, o chefe de secretaria, o oficial de justiça, o **perito**, o depositário, o administrador, o intérprete, o tradutor, o mediador, o conciliador judicial, o partidor, o distribuidor, o **contabilista** e o regulador de avarias. (Brasil, 2015, grifo nosso)

Como elementos importantes à realização de seu trabalho, o perito pode contar com a escrituração contábil, a fiscal e a societária da empresa, as quais, independentemente do trabalho pericial, devem ser disponibilizadas a ele prontamente, segundo a necessidade, assim como todos os controles gerenciais e operacionais internos, os planos da entidade e também as demonstrações contábeis disponíveis. É nessa análise que ele tem de se concentrar.

Exigem-se do perito vários requisitos, todos fundamentais e consensuais entre os teóricos. São eles:

- Reconhecido saber técnico-científico da realidade de sua especialidade, dedicando-se a uma educação continuada e persistente estudo da doutrina que se graduou;
- Vivência profissional nas diversas tecnologias que a ciência de sua habilitação universitária possui, bem como experiência em perícias;
- Perspicácia;
- Perseverança;
- Sagacidade;
- Conhecimento geral de ciências afins à sua ciência;
- Índole criativa e intuitiva;
- Probidade. (Pires, 1993, p. 6)

O **saber técnico-científico** está atrelado às atividades que dependem de saber especializado, exigência que aparece ao lado daquela que diz respeito à formação acadêmica do perito. Isso significa que o perito deve tanto ter formação acadêmica na área de contabilidade quanto se aprofundar em sua ciência, de modo a poder interpretar os fatos e levar aos autos a verdade, com o objetivo de atingir a aplicação adequada da justiça.

A **vivência profissional** é um requisito que se relaciona à aquisição de competências e habilidades resultantes da frequente utilização de seu saber técnico em aplicações práticas em sua área de atuação. Assim, é complemento de prática profissional fundamental para reconhecimento de sua competência e o certifica como profissional capacitado.

A **perspicácia**, a **perseverança** e a **sagacidade** são características pessoais valorizadas no exercício da perícia, visto que ressaltam o valor da capacidade de observação, concentração e identificação de tudo o que diz respeito ao seu objeto de estudo, para que o trabalho não fique superficial nem se desvie dos quesitos apontados. A perseverança, particularmente, refere-se à capacidade de enfrentar renovadamente um problema, até que se encontre adequada solução para ele.

O conhecimento de ciências afins envolve toda a gama de ciências próximas à contabilidade, como as citadas por Alencar (1996): economia, administração, finanças, direito tributário etc. Por ser uma função bastante exigente e presumir esses conhecimentos, admite-se que ser perito-contador é algo restrito a profissionais bastante zelosos de sua formação. Alguns citam neste ponto a chamada *formação continuada*, termo que em educação significa um constante aperfeiçoamento, sem nunca abandonar o estudo de sua ciência e dos conhecimentos afins. A formação continuada é exigida ao perito no parágrafo 14 da NBC PP 01: "O perito, no exercício de suas atividades, deve comprovar a sua participação em programa de educação continuada, na forma a ser regulamentada pelo Conselho Federal de Contabilidade" (CFC, 2015a).

A índole criativa e intuitiva é característica pessoal, mas também aponta para uma capacidade de encontrar soluções em questões complexas, que exijam formulação de métodos ou procedimentos inéditos. A criatividade não é dom nem privilégio de gênios, podendo ser desenvolvida e treinada.

> A Criatividade é um fenômeno complexo multifacetado que envolve uma interação dinâmica entre elementos relativos à pessoa, como característica de personalidade e habilidade de pensamento, e ao ambiente, como o clima psicológico, os valores e normas da cultura e as oportunidades para expressão de novas ideias. É um tema que vem atraindo a atenção de profissionais dos mais diversos setores, interessados no processo criativo e nos recursos que possibilitam uma maior expressão das fontes interiores de criação. Esse fenômeno vem sendo pesquisado, por exemplo, entre cientistas, executivos e artistas. É de interesse de disciplinas diversas, como Administração, Economia, Arquitetura, Engenharia, Filosofia, Matemática, Psicologia, entre muitas outras. (Alencar, 1996, p. 57)

Deve ser dada especial atenção ao último requisito citado na lista: a **probidade**. Sobre ele, D'Auria (1962, p. 134) diz que, "ao comportamento do perito, em todas as atividades, se impõe a ética profissional, como fator de ordem e respeito mútuo, e redundante em benefício da classe e de cada um de seus componentes". Também França e Morais (2004, p.43) consideram que a "ética do perito deve estar acima dos seus interesses particulares pois, assim agindo, certamente preservará sua moral e conduta bem como a de toda a classe de profissionais".

A legislação atual brasileira também define e estabelece pré-requisitos ao exercício da função de perito. Embora haja seis citações no Código Civil à pessoa do perito (sempre no plural), a definição das normas para a função de perito é mais clara apenas no CPC, art. 192, que dedica a Seção II do Capítulo II exclusivamente ao conceito e às atribuições do perito (Brasil, 2015). Essas regras indicam os procedimentos do juiz e dos tribunais com relação aos peritos, aos cadastros desses profissionais nos tribunais, a avaliações com os profissionais, a impedimentos e suspeições, a nomeações fora do cadastro, à escusa do perito e a sanções a peritos que prestem informações inverídicas. É interessante vermos, no texto a seguir, a redação desses artigos no novo CPC.

**Seção II**

**Do Perito**
Art. 156. O juiz será assistido por perito quando a prova do fato depender de conhecimento técnico ou científico.
§ 1º Os peritos serão nomeados entre os profissionais legalmente habilitados e os órgãos técnicos ou científicos devidamente inscritos em cadastro mantido pelo tribunal ao qual o juiz está vinculado.
§ 2º Para formação do cadastro, os tribunais devem realizar consulta pública, por meio de divulgação na rede mundial de computadores ou em jornais de grande circulação, além

de consulta direta a universidades, a conselhos de classe, ao Ministério Público, à Defensoria Pública e à Ordem dos Advogados do Brasil, para a indicação de profissionais ou de órgãos técnicos interessados.

§ 3º Os tribunais realizarão avaliações e reavaliações periódicas para manutenção do cadastro, considerando a formação profissional, a atualização do conhecimento e a experiência dos peritos interessados.

§ 4º Para verificação de eventual impedimento ou motivo de suspeição, nos termos dos arts. 148 e 467, o órgão técnico ou científico nomeado para realização da perícia informará ao juiz os nomes e os dados de qualificação dos profissionais que participarão da atividade.

§ 5º Na localidade onde não houver inscrito no cadastro disponibilizado pelo tribunal, a nomeação do perito é de livre escolha pelo juiz e deverá recair sobre profissional ou órgão técnico ou científico comprovadamente detentor do conhecimento necessário à realização da perícia.

Art. 157. O perito tem o dever de cumprir o ofício no prazo que lhe designar o juiz, empregando toda sua diligência, podendo escusar-se do encargo alegando motivo legítimo.

§ 1º A escusa será apresentada no prazo de 15 (quinze) dias, contado da intimação, da suspeição ou do impedimento supervenientes, sob pena de renúncia ao direito a alegá-la.

§ 2º Será organizada lista de peritos na vara ou na secretaria, com disponibilização dos documentos exigidos para habilitação à consulta de interessados, para que a nomeação seja distribuída de modo equitativo, observadas a capacidade técnica e a área de conhecimento.

Art. 158. O perito que, por dolo ou culpa, prestar informações inverídicas responderá pelos prejuízos que causar à parte e ficará inabilitado para atuar em outras perícias no prazo de 2 (dois) a 5 (cinco) anos, independentemente das demais sanções previstas em lei, devendo o juiz comunicar o fato ao respectivo órgão de classe para adoção das medidas que entender cabíveis. (Brasil, 2015)

Com esses requisitos mínimos é que será exercida a função do perito-contador, de auxiliar à Justiça como portador de saber técnico-científico de sua área.

## 3.2 NBC PP 01 (R1) – Perito contábil

A NBC PP 01 (R1) (CFC, 2020a) trata dos procedimentos inerentes à função de perito. Para exercê-los, o profissional de contabilidade precisa estar capacitado e atualizado. Vejamos a seguir como a norma aborda os detalhes dessa função.

**Conceitos**

A norma profissional NBC PP 01 (R1) contém as prerrogativas mínimas que uma pessoa necessita para trabalhar como perito-contador ou como perito-contador assistente. Geralmente, o perito-contador assistente é chamado de *assistente técnico* no cotidiano profissional.

O perito judicial (perito-contador) nomeado pelo juiz é um profissional ao qual são reputados conhecimentos especializados na matéria objeto de exame, com integridade moral inquestionável e legalmente habilitado no Conselho Regional de Contabilidade (CRC) do Estado a que pertence. Já o assistente técnico (perito-contador assistente) deve apresentar as mesmas qualidades profissionais e pessoais do perito judicial, uma vez que terá o nome indicado pela parte que o escolher. Desse modo, entende-se que o perito contábil, quando na função de assistente técnico, está a serviço da parte que o contratou.

O objetivo da NBC PP 01 (R1) é estabelecer os procedimentos inerentes à atuação do contador na condição de perito, além de diferenciar os quatro tipos de peritos: perito do juízo, perito arbitral, perito oficial e assistente técnico.

> 2. Perito é o contador detentor de conhecimento técnico e científico, regularmente registrado em Conselho Regional de Contabilidade e no Cadastro Nacional dos Peritos Contábeis,

que exerce a atividade pericial de forma pessoal ou por meio de órgão técnico ou científico, com as seguintes denominações:

(a) perito do juízo é o contador nomeado pelo poder judiciário para exercício da perícia contábil;
(b) perito arbitral é o contador nomeado em arbitragem para exercício da perícia contábil;
(c) perito oficial é o contador investido na função por lei e pertencente a órgão especial do Estado;
(d) assistente técnico é o contador ou órgão técnico ou científico indicado e contratado pela parte em perícias contábeis. (CFC, 2020a, p. 2)

Conforme já indicado anteriormente, em um processo judicial, podemos ter a nomeação de até três peritos: um judicial e outros dois contadores assistentes das partes. Ainda, o Conselho Federal de Contabilidade (CFC) publicou em 2015 a NBC TP 01 (R1) e a NBC PP 01 (R1) – revisadas em 2020 –, as quais determinam as prerrogativas mínimas para uma pessoa que deseja militar como perito-contador ou perito-contador assistente. Em sua versão anterior, a norma chamava atenção à competência e, inclusive, determinava quais seriam as competências necessárias ao perito. Esta era a definição da NBC PP 01 de 2009:

5. Competência técnico-científica pressupõe ao perito manter adequado nível de conhecimento da ciência contábil, das Normas Brasileiras de Contabilidade [NBCs], das técnicas contábeis, da legislação relativa à profissão contábil e aquelas aplicáveis à atividade pericial, atualizando-se, permanentemente, mediante programas de capacitação, treinamento, educação continuada e especialização. Para tanto, deve demonstrar capacidade para:

(a) pesquisar, examinar, analisar, sintetizar e fundamentar a prova no laudo pericial contábil e no parecer pericial contábil;

(b) realizar seus trabalhos com a observância da equidade significa que o perito-contador e o perito-contador assistente devem atuar com igualdade de direitos, adotando os preceitos legais, inerentes à profissão contábil.

6. O espírito de solidariedade do perito não induz nem justifica a participação ou a conivência com erros ou atos infringentes às normas profissionais, técnicas e éticas que regem o exercício da profissão, devendo estar vinculado à busca da verdade fática a fim de esclarecer o objeto da perícia de forma técnico-científica [...]. (CFC, 2009c)

A norma de 2015 (CFC, 2015a) não contemplou essa definição, talvez por julgá-la conflitante com a legislação técnica sobre ética da profissão ora vigente: a NBC PG 100 (CFC, 2014a) e a NBC PG 200 (CFC, 2014b). Porém, é importante que saibamos que a profissão ainda se rege por esses imperativos éticos, mesmo que por outras fontes.

## 3.3 Nomeação ou contratação do perito

A **nomeação** do perito é o ato jurídico em que se requisita a presença do profissional e a partir do qual ele passa a existir juridicamente, ou seja, a participar da construção dos autos de um processo.

De acordo com Dalla Zanna (2015), para determinar a produção de uma prova pericial, o magistrado, em seu "despacho saneador", marca uma audiência para conciliação e julgamento. Quando a conciliação é frustrada, ele faculta a continuação da instrução do processo e:

(a) Nomeia o Perito de sua confiança e manda que o Cartório o intime para que diga se aceita o honroso encargo e para que informe (ou estime) o montante dos honorários que deseja receber para produzir a prova pericial requerida;

(b) Faculta às partes a apresentação de quesitos e a indicação de assistente técnico;

(c) Delimita o objeto da perícia, como seja: exame, vistoria, arbitramento ou avaliação ou, simplesmente, deixa a critério das partes para que o delimitem em função dos quesitos formulados;
(d) Fixa prazos a serem cumpridos pelas partes e pelo Perito Judicial nomeado. (Dalla Zanna, 2015, p. 6)

Assim, a **contratação** de perito-contador assistente pode ser requerida por uma parte no processo, como citado anteriormente, no parágrafo 2 da NBC PP 01 (R1) (CFC, 2020a).

## 3.4 Quesitos que delimitam o campo de trabalho do perito

O campo de trabalho do perito é o que for circunscrito pela matéria conflituosa alegada na peça inicial e pelos quesitos elaborados pelas partes ou pelo magistrado. Isso ocorre porque a perícia se presta a revelar fatos sobre matéria específica, tratada nos autos do processo, os quais ocorreram em determinado período de tempo. Isso é necessário para circunscrever o trabalho pericial ao fulcro das divergências objeto da ação judicial.

Devemos ainda considerar que ao perito é facultado, à mercê de sua experiência, não responder aos quesitos impertinentes, confusos, procrastinatórios, dúbios, elaborados – às vezes – com o propósito de confundi-lo e, por consequência, confundir o magistrado. *Mutatis mutandi,* esses conceitos e procedimentos aplicam-se às perícias extrajudicial, semijudicial e arbitral.

## 3.5 Procedimentos do perito para bem planejar seu trabalho

Já discorremos sobre a fase de planejamento da perícia no Capítulo 2. Contudo, há muitos cuidados que dizem respeito à maneira como o perito trata o material que tem em mãos – e, dentro do planejamento, a atitude do profissional deve ser cuidadosa. Assim, para bem planejar seu trabalho, o perito deve:

- ler cuidadosamente os autos do processo;
- ter atenção redobrada para com o(s) despacho(s) saneador(es) e as decisões tomadas em audiências;
- entender bem o que as partes pretendem provar com cada um dos quesitos formulados;
- examinar os documentos juntados com a inicial, com a contestação e com a réplica e, também, em outras oportunidades processuais;
- proceder à necessária pesquisa bibliográfica, segundo o tema da perícia;
- estimar o tempo necessário para realizar os trabalhos;
- avaliar a necessidade da contribuição de auxiliares.

No que tange à organização dos trabalhos periciais, a NBC TP 01 (R1) (CFC, 2020b) ensina procedimentos elementares de disciplina, de relacionamento entre os pares e de ordem, como demonstramos no Capítulo 2. Essa norma também procura transmitir conceitos acerca da responsabilidade de cada um dos envolvidos (peritos judiciais e assistentes técnicos) e de documentos e livros objeto de perícia. Em resumo, aborda os seguintes procedimentos que devem ser observados:

- zelar pela integridade dos documentos e dos autos do processo que estiverem em seu poder;
- oferecer seus préstimos ao perito judicial;
- ater-se ao campo pericial delimitado no planejamento, salvo as raras exceções que confirmam a regra;
- relacionar livros e documentos requisitados em diligências e objeto de arrecadação para exame mais acurado em seu escritório;
- informar ao magistrado eventuais dificuldades encontradas durante as diligências;
- informar o magistrado do andamento dos trabalhos para pedir prazo adicional quando necessário;

- juntar ao laudo provas documentais, fotográficas e outras que, a critério do perito, sejam importantes para comprovar o que vai escrito no texto;
- documentar em papéis de trabalho exames efetuados, cálculos e demais elementos de prova coligidos.

A finalidade do planejamento e da organização do trabalho pericial é dar celeridade à fase de execução, a fim de gastar o menor tempo possível com as diligências externas e realizá-las com total aproveitamento de tempo e métodos de investigação.

Quando o trabalho for feito por uma equipe de colaboradores, o perito deve treiná-los antes que eles atuem nos locais onde se efetivarão as diligências.

O treinamento deve abranger os seguintes aspectos:

- informação sobre a parte técnica da perícia e sobre as possíveis fontes de dados do escopo e de investigação;
- identificação da linha de comando do perito-contador dentro da equipe;
- distribuição de tarefas para os membros da equipe que vão colaborar na execução dos trabalhos periciais;
- postura ética dos membros da equipe com relação ao zelo e ao sigilo a serem preservados;
- forma de comunicação entre os membros da equipe e a chefia (sugere-se que seja por escrito);
- guarda dos papéis de trabalho que serão elaborados;
- técnicas de amostragem, caso seja necessário, e testes substantivos e objetivos que serão aplicados.

## 3.6 Os atos do perito no processo

Ao ser nomeado como perito-contador em processo judicial, há uma série de atos que são de responsabilidade desse profissional. Chamamos a atenção para os principais atos que podem ocorrer antes da elaboração do laudo, a saber:

- **Nomeação, indicação ou contratação:** depende do escopo do trabalho, isto é, se for para atuar como perito judicial, como assistente técnico ou como perito em casos de perícia extrajudicial, semijudicial ou arbitral.
- **Intimação:** para os casos de perícia judicial.
- **Declinação do cargo:** em casos de perícia judicial, quando o perito nomeado se considera impedido por algum motivo justo.
- **Aceitação do encargo** mediante ausência de manifestação a respeito ou por meio de petição para o arbitramento de honorários provisórios ou definitivos.
- **Assinatura de contrato:** nos casos de perícia extrajudicial, semijudicial ou arbitral.
- **Recebimento do adiantamento de honorários:** nos casos de perícia extrajudicial, semijudicial ou arbitral.
- **Definição dos limites do trabalho pericial** quanto ao escopo e ao arco de tempo objeto de investigação.
- **Planejamento e organização** dos trabalhos de campo, ou seja, das diligências e dos demais trabalhos periciais.
- **Marcação** de local, data e horário para a primeira diligência.
- **Informação** a respeito das diligências a serem feitas – carta com aviso de recebimento (AR) ou telegrama com confirmação.
- **Realização** da primeira diligência e marcação da próxima (ou das próximas).

## 3.7 O perito-contador e as provas dos autos do processo

Ao realizar o trabalho, o contador não deve desconsiderar nenhuma prova que já conste nos autos nem desprezar as possibilidades de ele mesmo produzi-la. Nesse sentido, Dalla Zanna (2015, grifo do original) aponta como esse profissional pode proceder:

- Juntar outros documentos públicos e particulares;
- Obter confissões devidamente formalizadas;
- Ouvir testemunhas e formalizar seus depoimentos;
- Levar na devida conta os atos praticados em juízo (audiências, cartas precatórias, anotações do cartório, ações dos oficiais de Justiça, publicações na imprensa oficial e outros, como previsto no CPC) e, obviamente,
- Proceder à **perícia contábil**.

A respeito da amplitude do campo de atuação do perito, o art. 473, parágrafo 3º, do CPC assim dispõe:

> § 3º Para o desempenho de sua função, o perito e os assistentes técnicos podem valer-se de **todos os meios necessários**, ouvindo testemunhas, obtendo informações, solicitando documentos que estejam em poder da parte, de terceiros ou em repartições públicas, bem como instruir o laudo com planilhas, mapas, plantas, desenhos, fotografias ou outros elementos necessários ao esclarecimento do objeto da perícia. (Brasil, 2015, grifo nosso)

## 3.8 O impedimento e a suspeição do perito-contador

De acordo com o CPC de 2015, o impedimento explicita as divergências de interesses motivadores dos impedimentos e das suspeições a que estão sujeitos o perito-contador e o perito-contador assistente nos termos da legislação vigente e do Código de Ética Profissional do Contabilista.

O CPC prevê a possibilidade de impedimento e de suspeição ao perito que for membro do Ministério Público, auxiliar da Justiça e aos demais sujeitos imparciais do processo (Brasil, 2015).

O impedimento consiste em situações práticas que impossibilitam o perito-contador e o perito assistente de desempenhar suas atribuições ou realizar as ações pertinentes à atividade pericial em processos judiciais, arbitrais e extrajudiciais.

Já a pessoa que estiver nomeada como perito judicial está sujeita a impedimento ou suspeição, ou seja, a perder sua equidade como perita, devendo não aceitar o trabalho pericial nessa circunstância.

Apresentamos, a seguir, os requisitos para **impedimentos profissionais**, como parte do processo e interferência de terceiros, conforme a norma NBC PP 01 (R1) do CFC:

> 7. Impedimentos profissionais são situações fáticas ou circunstanciais que impossibilitam o perito de exercer, regularmente, suas funções ou realizar atividade pericial em processo judicial ou extrajudicial, inclusive arbitral. Os itens previstos nesta Norma explicitam os conflitos de interesse motivadores dos impedimentos a que está sujeito o perito nos termos da legislação vigente.
> 8. Caso o perito não possa exercer suas atividades com isenção, é fator determinante que ele se declare impedido, após nomeado ou indicado, quando ocorrerem as situações previstas nesta Norma.
> 9. Quando nomeado, o perito deve dirigir petição, no prazo legal, justificando a escusa ou o motivo do impedimento.
> 10. Quando indicado nos autos pela parte e não aceitando o encargo, o assistente técnico deve comunicar a ela sua recusa, devidamente justificada por escrito, facultado o envio de cópia à autoridade competente.

11. O assistente técnico deve declarar-se impedido quando, após contratado, verificar a ocorrência de situações que venham suscitar impedimento em função da sua imparcialidade ou independência e, dessa maneira, comprometer o resultado do seu trabalho. (CFC, 2020a, p. 2)

O perito pode sofrer **suspeição ou impedimento legal** por não conhecer a matéria de escopo da prova pericial. De acordo com a NBC PP 01 (R1):

12. O perito nomeado deve se declarar suspeito ou impedido quando não puder exercer suas atividades, observadas as disposições legais.
13. O perito deve declarar-se suspeito quando, após nomeado ou contratado, verificar a ocorrência de situações que venham suscitar suspeição em função da sua imparcialidade ou independência e, dessa maneira, comprometer o resultado do seu trabalho em relação à decisão.
14. Os casos de suspeição e impedimento a que está sujeito o perito nomeado são os seguintes:

(a) ser amigo íntimo de qualquer das partes;
(b) ser inimigo capital de qualquer das partes;
(c) ser devedor ou credor em mora de qualquer das partes, dos seus cônjuges, de parentes destes em linha reta ou em linha colateral até o terceiro grau ou entidades das quais esses façam parte de seu quadro societário ou de direção;
(d) ser herdeiro presuntivo ou donatário de alguma das partes ou dos seus cônjuges;
(e) ser parceiro, empregador ou empregado de uma das partes;
(f) aconselhar, de alguma forma, parte envolvida no litígio acerca do objeto da discussão; e
(g) houver qualquer interesse no julgamento da causa em favor de uma das partes.

15. O perito pode ainda declarar-se suspeito por motivo de foro íntimo. (CFC, 2020a, p. 3)

O CPC ainda prevê o seguinte:

> Art. 144. Há impedimento do juiz, sendo-lhe vedado exercer suas funções no processo:
> I – em que interveio como mandatário da parte, oficiou como perito, funcionou como membro do Ministério Público ou prestou depoimento como testemunha;
> II – de que conheceu em outro grau de jurisdição, tendo proferido decisão;
> III – quando nele estiver postulando, como defensor público, advogado ou membro do Ministério Público, seu cônjuge ou companheiro, ou qualquer parente, consanguíneo ou afim, em linha reta ou colateral, até o terceiro grau, inclusive;
> IV – quando for parte no processo ele próprio, seu cônjuge ou companheiro, ou parente, consanguíneo ou afim, em linha reta ou colateral, até o terceiro grau, inclusive;
> V – quando for sócio ou membro de direção ou de administração de pessoa jurídica parte no processo;
> VI – quando for herdeiro presuntivo, donatário ou empregador de qualquer das partes;
> VII – em que figure como parte instituição de ensino com a qual tenha relação de emprego ou decorrente de contrato de prestação de serviços;
> VIII – em que figure como parte cliente do escritório de advocacia de seu cônjuge, companheiro ou parente, consanguíneo ou afim, em linha reta ou colateral, até o terceiro grau, inclusive, mesmo que patrocinado por advogado de outro escritório;
> IX – quando promover ação contra a parte ou seu advogado.
> [...]
> Art. 145. Há suspeição do juiz:
> I – amigo íntimo ou inimigo de qualquer das partes ou de seus advogados;
> II – que receber presentes de pessoas que tiverem interesse na causa antes ou depois de iniciado o processo, que aconselhar alguma das partes acerca do objeto da causa ou que subministrar meios para atender às despesas do litígio;
> III – quando qualquer das partes for sua credora ou devedora, de seu cônjuge ou companheiro ou de parentes destes, em linha reta até o terceiro grau, inclusive;

IV – interessado no julgamento do processo em favor de qualquer das partes.

§ 1º Poderá o juiz declarar-se suspeito por motivo de foro íntimo, sem necessidade de declarar suas razões.

§ 2º Será ilegítima a alegação de suspeição quando:

I – houver sido provocada por quem a alega;

II – a parte que a alega houver praticado ato que signifique manifesta aceitação do arguido.

[...]

Art. 148. Aplicam-se os motivos de impedimento e de suspeição:

I – ao membro do Ministério Público;

II – aos auxiliares da justiça;

III – aos demais sujeitos imparciais do processo.

§ 1º A parte interessada deverá arguir o impedimento ou a suspeição, em petição fundamentada e devidamente instruída, na primeira oportunidade em que lhe couber falar nos autos.

§ 2º O juiz mandará processar o incidente em separado e sem suspensão do processo, ouvindo o arguido no prazo de 15 (quinze) dias e facultando a produção de prova, quando necessária.

§ 3º Nos tribunais, a arguição a que se refere o § 1º será disciplinada pelo regimento interno.

§ 4º O disposto nos §§ 1º e 2º não se aplica à arguição de impedimento ou de suspeição de testemunha. (Brasil, 2015)

Dessa maneira, deve o profissional, desde o início, quando for instado a praticar perícia, declarar-se impedido assim que tomar consciência de que algum motivo de impedimento pesa contra si, pois, caso contrário, pode gerar situações de nulidade ou irregularidade no decorrer da demanda.

A norma, em sua formulação anterior (CFC, 2009b), previa também os chamados *impedimentos técnicos*, mas essa arguição foi desconsiderada no novo CPC, ou seja, não consta na nova formulação da norma. Apenas como conhecimento dos motivos alegados, vejamos a seguir o que dizia a norma de 2009:

## IMPEDIMENTO TÉCNICO-CIENTÍFICO

21. O impedimento por motivos técnico-científicos a ser declarado pelo perito decorre da autonomia, estrutura profissional e da independência que devem possuir para ter condições de desenvolver de forma isenta o seu trabalho. São motivos de impedimento técnico-científico:

(a) a matéria em litígio não ser de sua especialidade;

(b) a constatação de que os recursos humanos e materiais de sua estrutura profissional não permitem assumir o encargo; cumprir os prazos nos trabalhos em que o perito-contador for nomeado, contratado ou escolhido; ou em que o perito-contador assistente for indicado;

(c) Ter o perito-contador da parte atuado para a outra parte litigante na condição de consultor técnico ou contador responsável, direto ou indireto em atividade contábil ou em processo no qual o objeto de perícia seja semelhante àquele da discussão, sem previamente comunicar ao contratante.

Fonte: CFC, 2009c.

Assim, não parece que a nova formulação da norma deixou de lado essas questões, apenas as trata em outras instâncias, como quando menciona a competência e o zelo profissional do perito (NBC PG 100, do profissional de contabilidade; e NBC PG 200, para contadores que prestam serviço).

A suspeição é outro motivo que pode ser alegado para o afastamento do profissional do processo a ele dirigido. O art. 148, que citamos anteriormente, estende esses motivos de suspeição aos auxiliares da justiça. Porém, nesse caso, a NBC PP 01 (R1) do CFC também traz os motivos de suspeição expressos, além de alguns motivos a mais, como é o caso de ser inimigo capital das partes e ser herdeiro presuntivo ou donatário de alguma das partes, casos não citados no CPC.

O perito-contador pode declarar-se suspeito por motivo íntimo quando desconfia de que pode ser prejudicial ao processo por qualquer motivo de sua alçada íntima, podendo solicitar ele próprio sua suspeição e não atuar no caso. Caso o perito se encaixe em qualquer um dos itens de suspeição, ele terá de declinar da nomeação, pois sua equidistância entre as partes estará comprometida.

## 3.9 Responsabilidade e zelo

Outra parte importante da NBC PP 01 (R1) é aquela que trata da responsabilidade e do zelo profissional do perito-contador. Os parágrafos 16 a 19 versam sobre a responsabilidade em geral, ao passo que os parágrafos 20 e 21 tratam das responsabilidades civil e penal. O zelo, por sua vez, é abordado entre os parágrafos 22 e 28.

**Responsabilidade, incluindo a civil e a penal**

A **responsabilidade profissional** do perito está circunscrita pela NBC PP 01 (R1) ao exercício correto de suas funções na perícia. O parágrafo 16 adiciona a essa responsabilidade os reflexos externos que podem advir de seu exercício, conferindo peso social e ético ao estabelecido na norma:

> 16. O perito deve conhecer as responsabilidades sociais, éticas, profissionais e legais às quais está sujeito no momento em que aceita o encargo para a execução de perícias contábeis judiciais e extrajudiciais, inclusive arbitral. (CFC, 2020a, p. 3)

Já o parágrafo 17 da norma define o termo *responsabilidade* considerando seu significado para o profissional:

> 17. O termo "responsabilidade" refere-se à obrigação do perito em respeitar os princípios da ética e do direito, atuando com lealdade, idoneidade e honestidade no desempenho de suas atividades, sob pena de responder civil, criminal, ética e profissionalmente por seus atos. (CFC, 2020a, p. 3)

Somam-se a estas outras questões sobre responsabilidade com relação à extensão para o âmbito externo ao processo:

> 18. Ciente do livre exercício profissional, deve o perito nomeado, sempre que possível e não houver prejuízo aos seus compromissos profissionais e às suas finanças pessoais, em colaboração com o Poder Judiciário, aceitar o encargo confiado ou escusar-se do encargo, no prazo legal, apresentando suas razões.
> 19. O perito nomeado, no desempenho de suas funções, deve propugnar pela imparcialidade, dispensando igualdade de tratamento às partes e, especialmente, aos assistentes técnicos. Não se considera parcialidade, entre outros, os seguintes:
>
> (a) atender às partes ou a assistentes técnicos, desde que se assegure igualdade de oportunidades; ou
> (b) fazer uso de trabalho técnico-científico anteriormente publicado pelo perito nomeado que verse sobre matéria em discussão. (CFC, 2020a, p. 3)

Em complemento à NBC PP 01 (R1), referente apenas à pessoa do perito, as legislações civil e penal também determinam responsabilidades e penalidades para o profissional que exerce a função de perito-contador, as quais consistem em multa, indenização e inabilitação. A legislação penal estabelece ainda penas de multa, detenção e reclusão para os profissionais que exercem a atividade pericial, caso venham a descumprir as normas legais.

O perito-contador responde civil e criminalmente pelos seus atos, pois está revestido de fé pública quando na função de perito judicial em um processo. A NBC PP 01 (R1) explicita essas possibilidades de responsabilização:

> 20. A legislação civil determina responsabilidades e penalidades para o profissional que exerce a função de perito, as quais consistem em multa, indenização e inabilitação.
> 21. A legislação penal estabelece penas de multa e reclusão para os profissionais que exercem a atividade pericial que descumprirem as normas legais. (CFC, 2020a, p. 3)

Portanto, o profissional perito não pode incorrer em falta no exercício de seus deveres, visto reconhecer e defender a validade dessas normas como garantias para o exercício correto de seu trabalho.

**Zelo profissional**

O zelo profissional se refere ao cuidado que o profissional deve ter com os detalhes necessários à execução de suas tarefas, como papéis e documentos, prazos legais e sua conduta na condução de seu trabalho. A norma também define o que é o *zelo* para o perito-contador:

> 22. O termo "zelo", para o perito, refere-se ao cuidado que ele deve dispensar na execução de suas tarefas, em relação à sua conduta, documentos, prazos, tratamento dispensado às autoridades, aos integrantes da lide e aos demais profissionais, de forma que sua pessoa seja respeitada, seu trabalho levado a bom termo e, consequentemente, o laudo pericial contábil e o parecer técnico-contábil dignos de fé pública. (CFC, 2020a, p. 4)

De maneira complementar, a norma explicita as atitudes e ações que devem ser cumpridas com zelo no exercício da função:

> 23. O zelo profissional do perito na realização dos trabalhos periciais compreende:
>
> (a) cumprir os prazos fixados pelo juiz em perícia judicial e nos termos contratados em perícia extrajudicial, inclusive arbitral;
> (b) comunicar ao juízo, antes do início da perícia, caso o prazo estipulado no despacho judicial para entrega do laudo pericial seja incompatível com a extensão do trabalho, sugerindo o prazo que entenda adequado;
> (c) assumir a responsabilidade pessoal por todas as informações prestadas, quesitos respondidos, procedimentos adotados, diligências realizadas, valores apurados e

conclusões apresentadas no laudo pericial contábil e no parecer técnico-contábil;

(d) prestar os esclarecimentos determinados pela autoridade competente, respeitados os prazos legais ou contratuais;

(e) propugnar pela celeridade processual, valendo-se dos meios que garantam eficiência, segurança, publicidade dos atos periciais, economicidade, o contraditório e a ampla defesa;

(f) ser prudente, no limite dos aspectos técnico-científicos, e atento às consequências advindas dos seus atos;

(g) ser receptivo aos argumentos e críticas, podendo ratificar ou retificar o posicionamento anterior. (CFC, 2020a, p. 4)

A essas ações somam-se outras que determinam o exercício, o mútuo respeito profissional entre perito, perito assistente e equipe técnica, os prazos legais e suas dilações:

> 24. A transparência e o respeito recíprocos entre o perito nomeado e os assistentes técnicos pressupõem tratamento impessoal, restringindo os trabalhos, exclusivamente, ao conteúdo técnico-científico.
>
> 25. O perito é responsável pelo trabalho de sua equipe técnica.
>
> 26. Quando não for possível concluir o laudo pericial contábil no prazo fixado pela autoridade competente, deve o perito nomeado requerer a sua dilação antes de vencido aquele, apresentando os motivos que ensejaram a solicitação.
>
> 27. Na perícia extrajudicial, o perito deve estipular os prazos necessários para a execução dos trabalhos e a descrição dos serviços a executar na proposta de trabalho e honorários, e posteriormente, no contrato de prestação de serviços firmado com o contratante.
>
> 28. A realização de diligências, para a busca de provas, quando necessária, deve ser comunicada aos assistentes técnicos com antecedência legal. (CFC, 2020a, p. 4)

Nas perícias contábeis judiciais, são três os peritos que podem atuar: um do juiz e um de cada parte litigante. Mediante o já citado despacho saneador, o juiz decide sobre a realização de exame pericial. Caso o considere necessário, nomeia um perito de sua confiança: o perito judicial. Isso sempre ocorre quando o magistrado sente a necessidade de ter uma prova de conteúdo técnico ou científico sobre matéria que ele próprio não domina o suficiente para prolatar uma sentença. O perito judicial é informado de sua nomeação mediante comunicação formal chamada *mandado de intimação*. Nesse documento, informam-se: o número e o nome do processo, os nomes das partes, o prazo para aceitar ou recusar a nomeação, o prazo para apresentar petição sobre quanto pretende cobrar de honorários e outros dados relevantes, como no caso de se tratar de perícia gratuita. No mesmo despacho saneador, o juiz facultará às partes a indicação de assistentes técnicos e a apresentação de quesitos à perícia, além de indicar quesitos próprios.

O assistente técnico é escolhido pela parte que o indicar no processo. Isso deve ser feito no prazo de cinco dias contados da intimação de despacho de nomeação do perito judicial (Brasil, 2015, art. 132). A oportunidade profissional de ser indicado para atuar como assistente técnico surge do relacionamento que o perito contábil tem com os advogados que estejam defendendo cada uma das partes.

**A competência do perito**

A competência técnico-profissional para atuar como perito--contador ou perito-contador assistente é discutida atualmente na norma geral para o profissional de contabilidade:

> 130.1 O princípio da competência e zelo profissionais impõe a todos os profissionais da contabilidade as seguintes obrigações:
>
> (a) manter o conhecimento e a habilidade profissionais no nível necessário para que clientes ou empregadores recebam serviço profissional adequado;
> (b) agir diligentemente de acordo com as normas técnicas e profissionais aplicáveis na prestação de serviços profissionais.

130.2 A prestação de serviço profissional adequado requer o exercício de julgamento fundamentado ao aplicar o conhecimento e a habilidade profissionais na prestação desse serviço. A competência profissional pode ser dividida em duas fases distintas:

(a) atingir a competência profissional; e
(b) manter a competência profissional.

130.3 A manutenção da competência profissional adequada requer a consciência permanente e o entendimento dos desenvolvimentos técnicos, profissionais e de negócios pertinentes. Os desenvolvimentos técnicos contínuos permitem que o profissional da contabilidade desenvolva e mantenha a capacitação para o desempenho adequado no ambiente profissional.

130.4 Diligência abrange a responsabilidade de agir de forma cuidadosa, exaustiva e tempestiva, de acordo com a tarefa requisitada.

130.5 O profissional da contabilidade deve tomar as providências adequadas para assegurar que os que estão trabalhando sob sua autoridade tenham treinamento e supervisão apropriados.

130.6 Quando apropriado, o profissional da contabilidade deve informar os clientes, empregadores ou outros usuários de seus serviços profissionais sobre as limitações inerentes dos serviços. (CFC, 2014a)

Como podemos ver, essa determinação deixou de ser recomendada apenas ao perito para ser considerada geral, ou seja, destina-se a todos os profissionais da contabilidade.

De acordo com o parágrafo 4 da NBC TP 01 (R1), "A perícia contábil é de competência exclusiva de contador em situação regular em Conselho Regional de Contabilidade" (CFC, 2020b, p. 2). Com isso, restringe-se o exercício profissional da perícia ao contador registrado e regular, além de todos os outros pré-requisitos.

## 3.10 Contrato de prestação de serviços profissionais em perícia extrajudicial, semijudicial e arbitral

Recomenda-se a elaboração de um contrato de prestação de serviços profissionais para as perícias extrajudicial, semijudicial e arbitral a fim de garantir direitos e obrigações de ambas as partes, mormente no que tange ao regular pagamento dos honorários. No caso da perícia semijudicial, pelo fato de acontecer em ambiente estatal, convém atender à lei que regula as licitações públicas.

As prerrogativas do perito judicial constantes no art. 473 do CPC são:

> Art. 473. [...]
>
> § 3º Para o desempenho de sua função, o perito e os assistentes técnicos podem valer-se de todos os meios necessários, ouvindo testemunhas, obtendo informações, solicitando documentos que estejam em poder da parte, de terceiros ou em repartições públicas, bem como instruir o laudo com planilhas, mapas, plantas, desenhos, fotografias ou outros elementos necessários ao esclarecimento do objeto da perícia. (Brasil, 2015)

## 3.11 Diligências

Os procedimentos periciais visando à coleta de informações, indícios, evidências e provas materiais são chamados *diligências*.

A diligência é qualquer ato desenvolvido pelo perito, desde a estimativa de honorários até a entrega do produto final da perícia – no caso, o laudo pericial. Tem, assim, o propósito de coletar provas e informações que servirão para responder aos quesitos apresentados nos autos e elaborar o laudo pericial contábil requerido nos autos do processo (perito judicial) e o parecer técnico (assistentes técnicos). Portanto, *diligências* são as tarefas executadas pelo perito oficial e pelos assistentes técnicos com base nas quais buscam cumprir a função de produzir uma prova pericial contábil e um parecer técnico.

Há diligências que acontecem **antes da elaboração do laudo pericial contábil**. Elas compreendem:

a) atendimento à intimação judicial (perícia judicial) ou ao convite para uma reunião (perícia extrajudicial);

b) planejamento dos trabalhos periciais;

c) arrecadação de livros e documentos que serão objeto de exame;

d) coleta dos demais elementos de prova documental ou contábil.

Outras diligências ocorrem **durante a elaboração do laudo pericial contábil** e incluem:

a) cálculos e elaboração de planilhas que serão configurados como anexos a serem juntados ao laudo ou ao parecer pericial;

b) obtenção de peças que estejam em poder de partes ou repartições públicas e sejam consideradas documentos a serem juntados ao laudo ou parecer pericial;

c) elaboração do texto do laudo ou do parecer técnico na forma de prelo para posterior revisão;

d) revisão da gramática do texto e também do conteúdo técnico por um colaborador;

e) numeração de todas as páginas, com a rubrica em cada uma e assinatura na última folha do laudo ou parecer pericial.

Existem também diligências a serem feitas **após a entrega do laudo pericial contábil**, entre as quais destacamos:

a) entrega do laudo no próprio cartório da vara em que corre o processo, ou na seção de protocolo e distribuidor do fórum onde se encontra a vara, ou em qualquer fórum localizado no Brasil (recomenda-se o primeiro procedimento supracitado);

b) entrega de petição requerendo o levantamento dos honorários provisórios depositados;

c) levantamento dos honorários provisórios conforme a guia de levantamento;

d) entrega de petição requerendo o arbitramento definitivo dos honorários periciais;

e) atendimento de eventuais pedidos de esclarecimentos;

f) outras diligências referentes aos honorários ou aos esclarecimentos.

O perito judicial, quando não consegue obter, diretamente com os envolvidos, os documentos, os livros contábeis e fiscais e demais elementos de prova requisitados, deve dirigir-se ao magistrado do feito, mediante petição, requerendo que as partes sejam intimadas a apresentar a documentação solicitada diretamente em cartório para posterior exame do perito. Ele deverá relacionar minuciosamente tudo o que deseja examinar. Quando se tratar de perícia extrajudicial, semijudicial ou arbitral, dialogará com a pessoa que o contratou para que, em conjunto, examinem alternativas de investigação com as quais possam atingir o objetivo do trabalho pericial.

Geralmente, o ambiente no qual se realizam as diligências para coletar as provas materiais, com base nas quais o perito redigirá seu laudo, é hostil. Apesar de a função pericial ser bastante conhecida pela sociedade, tem-se como certo que a de perito-contador não é conhecida pela quase totalidade das pessoas nem pela grande maioria dos próprios profissionais de contabilidade, o que gera um clima de desconfiança.

O ambiente encontrado pelo perito-contador é, quase sempre, de desconfiança e curiosidade por parte das pessoas que têm a obrigação de atendê-lo durante as diligências. Aquelas envolvidas na apresentação de livros, documentos e demais instrumentos de prova apresentam, com frequência, certa insegurança, e isso cria um ambiente desfavorável ao trabalho. Além disso, a parte que considerar – justificada ou, na maioria das vezes, injustificadamente – que a exibição de livros e documentos pode lhe criar desvantagens no processo, tenta sempre obstaculizar o trabalho pericial e, às vezes, sonegar informações necessárias à conclusão do laudo.

Importa lembrar que a empresa objeto de diligência pode recusar-se a apresentar os livros e documentos solicitados pelo perito, ainda que pertinentes ao trabalho pericial. A fundamentação dessa postura está no fato de que ninguém é obrigado a apresentar provas contra si – esse é o entendimento legal da matéria. Todavia, a empresa ou pessoa que não permitir o exame de seus livros e documentos sofre o ônus de ver consideradas como verdadeiras as alegações e as provas apresentadas pela outra parte e, muito provavelmente, de ter uma sentença desfavorável; ou seja, a não apresentação de documentos e livros para exame pericial implica, na grande maioria das vezes, a perda da causa.

**Tipos de diligências**

As diligências, classificadas segundo seu objetivo, são cinco, como segue:

1. Para conhecimento dos autos, aceitação do encargo e apresentação da estimativa de honorários – acontece antes da elaboração do laudo pericial. Caso o perito aceite a demanda, apresentará a estimativa de honorários para que o magistrado a defira ou não.

2. Para obtenção de informações, livros, documentos, dados e tudo mais de que necessita para responder aos quesitos e preparar o laudo – acontece durante a elaboração do laudo pericial com a finalidade exclusiva de fundamentá-lo.
3. Para conclusão, ou seja, para o "fechamento" dos trabalhos de investigação e elaboração do laudo – acontece no local de trabalho do perito, onde ele pode recorrer a *sites* especializados (como taxas de juros, índices de reajustes etc.).
4. Para prestar esclarecimentos após o laudo pericial ter sido protocolado – acontece após a entrega do laudo em juízo, momento em que o perito terá de prestar esclarecimentos adicionais ao laudo pericial.
5. Para receber os honorários periciais arbitrados e já depositados nos autos – o perito irá peticionar e receber os honorários deferidos pelo juiz.

**Planejamento das diligências**

O planejamento das diligências é de suma importância para o sucesso do laudo pericial. O início das operações periciais propriamente dito é decisão pessoal do perito oficial que, todavia, deve ficar atento ao prazo final para a entrega do laudo. Quando for começar efetivamente os trabalhos, deve proceder à comunicação aos advogados das partes (data, horário e local do início). Posteriormente, o perito deve acertar com os assistentes técnicos a realização de diligências (internas e externas), facultando-lhes a oportunidade de participarem efetivamente da tarefa cujo objetivo final é a elaboração do laudo pericial contábil.

**Como são executadas as diligências**

Quando o perito iniciar as diligências planejadas no escopo de trabalho, terá consigo os autos que ficarão sob sua responsabilidade durante a elaboração do laudo. Salienta-se que todas as diligências que o perito fizer deverão vir acompanhadas do termo de diligência, para formalizar a solicitação de documentos perante as partes ou repartições públicas. Para as diligências internas (em seu escritório) e as que forem feitas no cartório judicial da vara para a qual estão prestando o serviço, não há necessidade de maiores formalizações. Nesses casos, recomenda-se anotar as tarefas realizadas em folha própria para esse tipo de controle.

**O termo de diligência**

Para executar uma diligência, o perito-contador deve fazer um termo de diligência:

> 16. Termo de diligência é o instrumento por meio do qual o perito cumpre a determinação legal ou administrativa e solicita que sejam colocados à disposição livros, documentos, coisas, dados e informações necessárias à elaboração do laudo pericial contábil ou parecer pericial contábil.
> 17. O termo de diligência serve para formalizar e comprovar o trabalho de campo; deve ser redigido pelo perito nomeado; e ser encaminhado ao diligenciado. (CFC, 2020b, p. 3)

Esse termo legal é o instrumento adequado para solicitar documentos ou outros dados e informações não presentes no processo. Para tanto, a NBC TP 01 (R1) dispõe:

> 18. O perito deve observar os prazos a que está obrigado por força de determinação legal e, dessa forma, definir o prazo para o cumprimento da solicitação pelo diligenciado.
> 19. Caso ocorra a negativa da entrega dos elementos de prova formalmente requeridos, o perito deve se reportar diretamente a quem o nomeou, contratou ou indicou, narrando os fatos e solicitando as providências cabíveis. (CFC, 2020b, p. 3)

Afora essas determinações, há requisitos formais determinados para esse documento:

20. O termo deve conter os seguintes itens:

(a) identificação do diligenciado;
(b) identificação das partes ou dos interessados e, em se tratando de perícia judicial ou arbitral, o número do processo ou procedimento, o tipo e o juízo em que tramita;
(c) identificação profissional do perito;
(d) indicação de que está sendo elaborado nos termos desta Norma;
(e) indicação detalhada dos documentos, coisas, dados e informações, consignando as datas e/ou períodos abrangidos, podendo identificar o quesito a que se refere;
(f) indicação do prazo e do local para a exibição dos elementos indicados na alínea anterior;
(g) local, data e assinatura. (CFC, 2020b, p. 3)

A finalidade expressa do termo de diligência pode ser múltipla, mas, segundo Dalla Zanna (2011), presta-se principalmente:

- para provar que o perito oficial e, eventualmente, os assistentes técnicos efetivamente atuaram no local;
- para provar o objeto e o objetivo de sua ação pontual;
- para provar o que, de fato, requisitou em termos de documentos, livros e demais elementos de prova, segundo seu entendimento quanto à relevância e à oportunidade (prova documental);
- para provar que os documentos e livros requisitados são adequados e suficientes para responder aos quesitos;
- para servir de protocolo dos documentos e livros arrecadados para exame em seu escritório;
- para promover contato profissional entre os assistentes técnicos e destes consigo mesmos, em face dos documentos e livros exibidos, e com os autos do processo;
- para extrair cópias de tudo o que considerar pertinente ao seu trabalho, facultando a mesma atitude aos assistentes técnicos, que poderão, inclusive, tirar cópias dos autos do processo;

- para marcar data e hora de seu eventual retorno para uma nova diligência, em futuro próximo, caso seja necessário etc.

No final, todos os presentes são convidados a assinar o termo de diligência e uma via original ou cópia é entregue a cada um.

## Síntese

A pessoa do perito-contador judicial é representada por um profissional respeitado e experiente em sua função. Ele realiza os procedimentos conforme as normas e não deve se confundir como parte no processo. Para tanto, as normas a serem seguidas são várias. A principal norma para o perito é a NBC PP 01 (R1) (CFC, 2020a), que determina como age o perito contábil. A elaboração de quesitos e suas respostas dentro de processos judiciais ou arbitragens leva em conta determinações legais estreitas a serem seguidas.

## Questões para revisão

1. Na esfera judicial, o parecer pericial contábil serve para:
    a) subsidiar o juízo e as partes, bem como para analisar de forma técnica e científica o laudo pericial contábil.
    b) subsidiar o juízo e as partes sobre a responsabilidade da preparação e da redação do parecer pericial.
    c) subsidiar as partes sobre a responsabilidade da preparação e da redação das recomendações inseridas no laudo pericial.
    d) subsidiar o árbitro e as partes nas suas tomadas de decisões.
    e) subsidiar o árbitro.

2. A perícia deve ser planejada cuidadosamente, com vista ao cumprimento do prazo. Na impossibilidade do cumprimento deste, o profissional deve, antes do vencimento:
   a) comunicar, de qualquer forma, a necessidade de suplementação de prazo.
   b) entregar o trabalho no ponto em que estiver, pois não se pode requerer prazo suplementar.
   c) na entrega dos trabalhos, na data-limite, requerer pessoalmente o prazo suplementar.
   d) requerer prazo suplementar, sempre por escrito.
   e) comunicar a entrega dos trabalhos na data-limite.

3. Não havendo quesitos a serem respondidos, a perícia será orientada:
   a) pelo juízo e pela parte que solicitou a perícia.
   b) pelo perito-contador e pelo perito-contador assistente.
   c) pelo juízo e pelo perito-contador.
   d) pelo objeto da matéria, se assim decidir quem a determinou.
   e) pelo juízo.

4. De acordo com as Normas Brasileiras de Contabilidade (NBCs), a hipótese em que o sigilo profissional poderá ser rompido ocorre:
   a) depois de concluídos os trabalhos e entregue o laudo pericial.
   b) quando em defesa de sua conduta técnica profissional autorizada por quem de direito.
   c) quando ocorrer o desligamento do perito-contador, antes de o trabalho ser concluído.
   d) se o perito-contador, por qualquer razão, for substituído pelo juiz.
   e) se o perito-contador quiser a qualquer momento.

5. Por que se recomenda a assinatura de um Contrato de Prestação de Serviços Profissionais no caso de perícia extrajudicial, semijudicial e arbitral?

   a) Para evitar qualquer tipo de relação formal entre as partes envolvidas.
   b) Para definir os direitos e as obrigações de ambas as partes, especialmente no que se refere ao pagamento de honorários profissionais. No caso de perícia semijudicial, deve-se cumprir a lei que regula as licitações públicas.
   c) Porque não é necessário garantir o pagamento dos honorários profissionais em perícias arbitrais.
   d) Porque a legislação obriga a assinatura de contratos apenas em perícias extrajudiciais.
   e) Para definir os direitos e as obrigações do perito-contador, especialmente no que se refere ao pagamento de honorários profissionais.

## Perguntas & respostas

1. **Como deve proceder o perito ao ver frustradas as tentativas de obter informações e provas materiais, como documentos, livros contábeis e fiscais e demais elementos de prova, diretamente com as partes envolvidas?**

   O perito judicial, quando não consegue obter, diretamente com as partes envolvidas, documentos, livros contábeis e fiscais e demais elementos de prova requisitados, deve dirigir-se ao magistrado do feito, mediante petição, requerendo que as partes sejam intimadas a apresentar a documentação solicitada diretamente em cartório para posterior exame do perito. Na petição, o perito deverá relacionar minuciosamente tudo o que deseja examinar. Quando se tratar de perícia extrajudicial, semijudicial ou arbitral, dialogará com a pessoa que o contratou para, em conjunto, examinarem alternativas de investigação por meio das quais possam atingir o objetivo do trabalho pericial.

## 2. Quais são os procedimentos periciais preliminares no caso de perícia judicial?

Ciente de sua nomeação e dentro do prazo fixado, o perito deve se dirigir ao cartório da vara que o nomeou para tomar conhecimento do processo e fazer "carga" dele. Com os autos na mão, estando em seu escritório, deve fazer o planejamento e a organização dos trabalhos periciais e programar as diligências necessárias. Poderá escusar-se da nomeação quando a matéria objeto de perícia não for de seu conhecimento.

## 3. Quais são os procedimentos preliminares no caso de perícias extrajudicial, semijudicial e arbitral?

No caso de perícias extrajudicial, semijudicial e arbitral, os procedimentos preliminares são, basicamente:

- tomar conhecimento do objeto e do objetivo de perícia;
- elaborar um contrato de prestação de serviços profissionais para ser assinado em conjunto com a pessoa (física ou jurídica) que o contratou;
- elaborar um plano de trabalho;
- contratar equipe de profissionais segundo as necessidades planejadas;
- receber a parcela de adiantamento dos honorários;
- dar início aos trabalhos de campo.

## 4. Que procedimentos deve realizar o perito para bem planejar o trabalho?

Para bem planejar seu trabalho, o perito deverá:

- ler cuidadosamente os autos do processo;
- ter atenção redobrada com relação ao(s) despacho(s) saneador(es) e às decisões tomadas em audiências;

- entender muito bem o que as partes pretendem provar com cada um dos quesitos formulados;
- examinar os documentos juntados com a inicial, com a contestação e com a réplica e em outras oportunidades processuais;
- proceder à necessária pesquisa bibliográfica, segundo o tema da perícia;
- estimar o tempo necessário para realizar os trabalhos;
- avaliar a necessidade de contribuição de auxiliares.

### 5. O que é perícia indireta?

De acordo com Dalla Zanna (2011, p. 163),

> entende-se por perícia indireta a que deve ser feita em documentos de terceiros, não envolvidos diretamente com a lide. Isso acontece quando existem indícios ou há suspeita de que tais documentos contenham informações relevantes a respeito do que se quer provar nos autos. O perito deve lançar mão de provas documentais coletadas em quaisquer locais, menos junto à pessoa (física ou jurídica) da qual está se falando nos autos, mas que não figuram nem no polo ativo nem no passivo da lide. Nesse caso, busca informações de forma indireta. Esse procedimento requer do profissional conhecimento profundo da matéria, criatividade, perspicácia, argúcia e outras qualidades investigativas só encontradas em quem está habituado ou treinado para esse tipo de trabalho.

### 6. Que requisitos são exigidos de um perito para exercer a função?

Reconhecido saber técnico-científico da realidade de sua especialidade, dedicando-se a uma educação continuada e persistente estudo da doutrina na qual graduou; vivência profissional nas diversas tecnologias que a ciência de sua habilitação universitária possui, bem como experiência em perícias; perspicácia; perseverança; sagacidade;

conhecimento geral de ciências afins à sua ciência; índole criativa e intuitiva; probidade.

## 7. Segundo a norma específica, quem pode exercer a função de perito?

De acordo com a NBC PP 01 (R1):

> 2. Perito é o contador detentor de conhecimento técnico e científico, regularmente registrado em Conselho Regional de Contabilidade e no Cadastro Nacional dos Peritos Contábeis, que exerce a atividade pericial de forma pessoal ou por meio de órgão técnico ou científico, com as seguintes denominações:
>
> (a) perito do juízo é o contador nomeado pelo poder judiciário para exercício da perícia contábil;
> (b) perito arbitral é o contador nomeado em arbitragem para exercício da perícia contábil;
> (c) perito oficial é o contador investido na função por lei e pertencente a órgão especial do Estado;
> (d) assistente técnico é o contador ou órgão técnico ou científico indicado e contratado pela parte em perícias contábeis.
> (CFC, 2020a, p. 2)

## 8. Que tipos de impedimento o perito pode sofrer? Por quê?

O perito pode sofrer impedimento legal ou técnico: o primeiro como parte do processo e da interferência de terceiros; o segundo como não conhecedor da matéria de escopo da prova pericial. É vedado ao perito (como ao juiz, ao promotor etc.) atuar em processo:

> Art. 144 [...]
> I – em que interveio como mandatário da parte, oficiou como perito, funcionou como membro do Ministério Público ou prestou depoimento como testemunha;
> II – de que conheceu em outro grau de jurisdição, tendo proferido decisão;

III – quando nele estiver postulando, como defensor público, advogado ou membro do Ministério Público, seu cônjuge ou companheiro, ou qualquer parente, consanguíneo ou afim, em linha reta ou colateral, até o terceiro grau, inclusive;

IV – quando for parte no processo ele próprio, seu cônjuge ou companheiro, ou parente, consanguíneo ou afim, em linha reta ou colateral, até o terceiro grau, inclusive;

V – quando for sócio ou membro de direção ou de administração de pessoa jurídica parte no processo;

VI – quando for herdeiro presuntivo, donatário ou empregador de qualquer das partes;

VII – em que figure como parte instituição de ensino com a qual tenha relação de emprego ou decorrente de contrato de prestação de serviços;

VIII – em que figure como parte cliente do escritório de advocacia de seu cônjuge, companheiro ou parente, consanguíneo ou afim, em linha reta ou colateral, até o terceiro grau, inclusive, mesmo que patrocinado por advogado de outro escritório;

IX – quando promover ação contra a parte ou seu advogado. (Brasil, 2015)

De acordo com a Resolução CFC n. 1.244, de 10 de dezembro de 2009 (CFC, 2009c), são considerados motivos de impedimento técnico-científico:

(a) a matéria em litígio não ser de sua especialidade;
(b) a constatação de que os recursos humanos e materiais de sua estrutura profissional não permitem assumir o encargo; cumprir os prazos nos trabalhos em que o perito-contador for nomeado, contratado ou escolhido; ou em que o perito--contador assistente for indicado;
(c) ter o perito-contador da parte atuado para a outra parte litigante na condição de consultor técnico ou contador responsável, direto ou indireto, em atividade contábil ou em processo no qual o objeto de perícia seja semelhante àquele da discussão, sem previamente comunicar ao contratante.

*Papéis de trabalho, formulação e respostas aos quesitos*

4

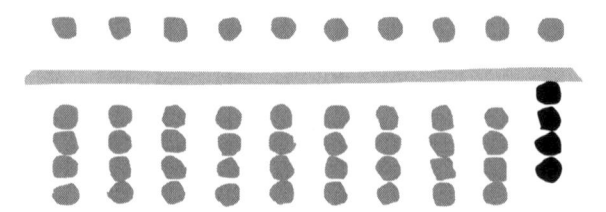

**Conteúdos do capítulo:**

- Papéis de trabalho.
- Investigação pericial e amostragem.
- Planilha para anotação e controle das horas do perito-
-contador ou do perito-contador assistente.
- Quesitos e elaboração de respostas.

**Após o estudo deste capítulo, você será capaz de:**

1. entender o procedimento pericial da certificação;
2. verificar o processo de investigação pericial por amostragem;
3. apresentar a planilha de controle de horas;
4. definir e verificar a apresentação dos quesitos;
5. identificar as categorias e os tipos de quesitos;
6. verificar quais são os quesitos relevantes e irrelevantes na perícia;
7. definir os quesitos deferidos e indeferidos;
8. compreender os quesitos suplementares.

$\mathcal{O}$ perito-contador, após analisar o processo, tem de formular as respostas aos quesitos estabelecidos, com o objetivo de dirimir qualquer dúvida que seja motivo de questionamentos posteriores. Para isso, verificaremos o prazo e os documentos gerados que precisam permanecer arquivados para fins de consultas futuras, além dos componentes e das amostragens necessários durante a investigação pericial.

O perito-contador e o perito assistente devem manter um controle de horas trabalhadas; será estabelecido um prazo para entrega dos quesitos à perícia, os quais serão classificados em pertinentes ou impertinentes, relevantes ou irrelevantes e, assim, sofrerão o devido deferimento ou não. Eles estabelecem em conjunto os quesitos suplementares necessários à formulação de respostas àqueles elaborados no processo.

## 4.1 Papéis de trabalho

Os papéis de trabalho produzidos pelo perito-contador ou pelo perito-contador assistente são o conjunto de documentos (provas documentais) coletados para produzir a prova contábil requerida. Por razões técnicas, não precisam ser anexados ao laudo pericial contábil protocolado; ficam, pois, em poder do profissional para futura consulta, se for o caso. São eles:

- documentos coligidos no original ou na forma de cópias (que não precisam ser autenticadas, pois o perito oficial goza de fé pública);
- anotações feitas a respeito dos livros contábeis, fiscais e trabalhistas examinados;
- anotações sobre tudo o que observou na contabilidade da empresa objeto de exame ou nos documentos fornecidos pelas pessoas físicas;
- planilhas de cálculo que produziu;
- tabelas de índices;
- bibliografia pertinente ao caso, consultada e utilizada para responder aos quesitos;
- cópias de publicações técnicas, fiscais, econômicas e de outra natureza que tenham sido utilizadas na elaboração da prova pericial;
- cópias de leis e outros textos que o profissional teve de consultar para melhor embasar as respostas oferecidas aos quesitos formulados pelas partes.

Os papéis de trabalho constituem suportes documentais e técnicos das respostas dadas aos quesitos formulados nos autos do processo. Servem para neles se mencionar, entre outros elementos, os seguintes:

- tipos de livros e períodos examinados;
- números dos livros e quantidade de páginas;

- dados sobre o registro na junta comercial ou órgãos equivalentes – Receita Federal, Receita Estadual, Receita Municipal, Instituto Nacional do Seguro Social (INSS), Instituto Nacional da Propriedade Industrial (Inpi) etc.;
- transações verificadas ou rastreadas, com detalhes sobre valores, épocas, formas de proceder e tudo mais que for relevante para a prova pericial que está sendo produzida.

Assim, os papéis coligidos e usados pelo perito durante sua análise do processo são de sua guarda, não necessariamente anexados ou apensos ao processo. No entanto, devem estar à disposição para a eventualidade de se pedir vista ou de surgirem questionamentos complementares.

### Tempo de guarda dos papéis de trabalho

Não existe prazo mínimo determinado para a guarda dos papéis de trabalho por parte do perito oficial. Em princípio, devem ser mantidos até que se conclua a fase instrutória do processo, o que pode demorar em torno de três anos. Portanto, o tempo recomendado para a guarda é de, no mínimo, três anos. Todavia, há casos em que o processo instrutório acaba demorando mais de dez anos. Por essa razão, cabe ao profissional, usando seus conhecimentos e o bom senso, guardar os papéis de trabalho pelo tempo que considerar adequado a cada caso.

### Informações necessárias aos papéis de trabalho

Nos papéis de trabalho devem constar sempre as informações necessárias para identificação e arquivamento, de modo organizado, desses papéis. Portanto, é necessário que contenham:

- fórum e número da vara;
- natureza da causa;
- número do processo;
- data em que foi distribuído;

- nome do juiz que efetuou a nomeação e do diretor do cartório;
- nome do autor ou requerente (endereço, telefone, *e-mail* etc.);
- nome do réu ou requerido (endereço, telefone, *e-mail* etc.);
- nome do assistente técnico do autor (endereço, telefone, *e-mail* etc.);
- nome do assistente técnico do réu (endereço, telefone, *e-mail* etc.);
- o que foi pedido com a peça inicial que seja relevante para a perícia;
- nome e endereço dos advogados de ambas as partes para eventuais contatos;
- plano de contas adotado pela(s) empresa(s) objeto de exame;
- plano de históricos numerados e padronizados adotados pela(s) empresa(s) objeto de exame;
- manuais de procedimentos administrativos e contábeis;
- tudo que sirva para certificar-se sobre a segurança daquilo que está sendo objeto do trabalho.

**Procedimento pericial da certificação**

O perito oficial adota o procedimento da certificação quando acolhe como válidos, em boa-fé, documentos e livros que lhe são apresentados durante as diligências, com o escopo de coletar materiais necessários ao trabalho. Para tanto, deve certificar-se de que, para os livros apresentados, foram atendidas as formalidades intrínsecas e extrínsecas.

## 4.2 Investigação pericial e amostragem

A investigação pericial é considerada no campo circunscrito ao objeto que se quer analisar – limitada, portanto, ao espaço, ao tempo e ao(s) tema(s) proposto(s) nos autos do processo. Nesse sentido, não admite o uso de testes, ou seja, como já vimos, a perícia não admite o trabalho conclusivo por amostragem, o qual é de uso restrito da auditoria. Para que o laudo pericial seja completo, o exame deve ser total.

No entanto, podem ocorrer situações em que testes sirvam de parâmetro para inferir algo sobre um conjunto de operações, mas nunca sobre valores precisos. Então podemos dizer que a amostragem é possível para demonstrar, por exemplo, um procedimento administrativo ou fiscal padronizado, principalmente quando tal padronização tiver por base um programa de processamento eletrônico de dados que impede o acesso a quem não tenha senha para alterar os parâmetros de controle nele inseridos.

## 4.3 Planilha para anotação e controle das horas do perito-contador ou do perito--contador assistente

Convém ao perito-contador ou ao perito-contador assistente manter uma planilha para anotação e controle das horas consumidas com cada trabalho para orientarem-se sobre o valor dos honorários definitivos que terão de cobrar, seja nos autos do processo – no caso do perito judicial –, seja diretamente à pessoa (jurídica ou física) que contratou os serviços na forma de assistente técnico ou consultor. Caso seja solicitado a explicar em que se ocupou nas horas cobradas, disporá de um registro pelo qual terá condições de comprovar os trabalhos feitos e as razões que o levaram a cobrar os honorários pleiteados.

### Informações necessárias da planilha de controle de horas

Para manter o controle sobre o trabalho realizado, a planilha de controle de horas deve conter, no mínimo, os seguintes elementos:

- identificação do processo ou do contrato de prestação de serviços;
- menção do nome da empresa, CNPJ e outros dados cadastrais (endereço completo, telefone, fax, *e-mail* e demais indicativos para posteriores contatos);
- identificação das pessoas que atenderam ao profissional por telefone e em diligências realizadas;
- relação de livros e documentos solicitados, compulsados, fotocopiados e devolvidos à empresa;
- data no formato dia/mês/ano;
- descrição sucinta do trabalho realizado com menção dos papéis de trabalho a ele vinculados;
- hora de início do trabalho registrada a cada 30 minutos;
- hora de término do trabalho registrada a cada 30 minutos;
- quantidade de horas, em forma decimal, efetivamente despendidas em cada tarefa;
- total de horas em cada dia;
- total de horas aplicadas ao caso.

Com essas informações, o perito pode comprovar seu trabalho e justificar a necessidade das horas de trabalho registradas para a apresentação de seu laudo ou parecer.

## 4.4 Quesitos e elaboração de respostas

Os quesitos são apresentados ao perito na forma de um questionário básico antes do início das diligências. Os quesitos são, assim, as perguntas formuladas pelas partes, pelo magistrado e pelo promotor público ao perito oficial e aos assistentes técnicos antes do início dos trabalhos. Quando apresentados no curso das diligências, são chamados de **quesitos suplementares**. Podem ocultar algumas intenções, como a de postergar a perícia, e, para responder ao quesito, o perito necessitará de *expertise* para não cair em contradições. Esses tipos de quesitos podem ser elaborados somente pelas partes (autor ou réu), pois aqueles oriundos do juiz ou do promotor público têm sempre a finalidade de transparecer a verdade dos fatos. Os quesitos em geral manifestam a intenção, o estilo e a estratégia de quem os formula. Sendo parte, esta tenderá à própria tese.

O escopo dos quesitos deve ser o de esclarecer os pontos nebulosos que somente a prova técnica poderá elucidar. Todavia, algumas vezes, os quesitos extrapolam esse objetivo e acabam servindo de técnica de defesa das partes.

O perito deve oferecer respostas a todos os quesitos, pois assim cumpre o papel de transparecer a verdade dos fatos por meio da prova técnica. Podem apresentar quesitos à perícia contábil o autor, o réu e o juiz.

**Momentos de apresentação dos quesitos à perícia**

Os quesitos podem ser apresentados a qualquer momento da fase de instrução do processo; se o forem no decorrer da elaboração do laudo pericial, denominam-se *quesitos suplementares*. Todavia, o mais comum é que sejam apresentados após as partes terem sido instadas a fazê-lo por respeitável despacho judicial.

**Categorias e tipos de quesitos**

Os quesitos têm o objetivo de delimitar o escopo da prova pericial tanto para matéria técnica quanto para o arco de tempo, e são utilizados para nortear o trabalho do perito. Eles podem ser classificados em categorias e tipos, conforme demonstra o quadro a seguir.

Quadro 4.1 – Quesitos: categorias e tipos

| Categorias | Tipos |
| --- | --- |
| Quanto ao objeto | Pertinentes<br>Impertinentes |
| Quanto à relevância | Relevantes<br>Irrelevantes |
| Quanto à legalidade | Deferidos<br>Indeferidos |

*(continua)*

*(Quadro 4.1 – conclusão)*

| Categorias | Tipos |
|---|---|
| Quanto à intenção do pertinente | Claros<br>Dúbios |
| Quanto ao conteúdo | Técnico-contábeis<br>Jurídicos |
| Quanto à origem | Formulados pelas partes<br>Formulados pelo magistrado e/ou pelo promotor público |

Fonte: Dalla Zanna, 2011, p. 134.

O Quadro 4.1 apresenta a divisão dos quesitos apresentados conforme classificação dos estudiosos do direito. A seguir, descrevemos um pouco cada uma dessas classificações.

**Quesitos pertinentes e impertinentes**

Os quesitos podem ser classificados como **pertinentes** quando estiverem relacionados a fatos narrados na inicial e na contestação; forem vinculados ao objeto da ação; e apresentarem o poder de trazer esclarecimentos a respeito do que se discute nos autos do processo.

São classificados como **impertinentes** os quesitos que se apresentam contrários ao que foi dito anteriormente, ou seja, que não guardam relação com os fatos objeto de questionamento ou deles se desviam, gerando apenas confusão processual e retardamento do trabalho pericial.

**Quesitos relevantes e irrelevantes**

Os quesitos podem ser classificados como **relevantes** quando sua importância é fundamental para a elucidação dos pontos controvertidos. São relevantes todos os que demandam total atenção profissional para serem respondidos – e deverão sê-lo com total acurácia –, bem como aqueles cuja resposta pode influenciar o rumo da sentença judicial – ou seja, o resultado da ação depende da resposta que a eles for dada.

Entendem-se como **irrelevantes** os quesitos que, apesar de bem respondidos pelo profissional, não têm o poder de conduzir a determinada decisão do juízo.

### Quesitos deferidos e indeferidos

Entende-se por quesitos **deferidos** os que foram aprovados pelo magistrado; devem ser respondidos pelo perito judicial. Já os quesitos **indeferidos** são aqueles que foram impugnados pela parte contrária ou desaprovados pelo magistrado e não devem ser respondidos pelo perito judicial.

### Quesitos claros e dúbios

Quanto à intenção, os quesitos podem ser classificados em claros e dúbios. São considerados **claros** os quesitos redigidos de maneira clara, concisa e de fácil entendimento para o fim de serem respondidos com objetividade e eficácia. Têm a qualidade de serem claros quando o perito não necessita abordar o tema por mais de um ângulo e oferecer, portanto, respostas alternativas, iniciando com frase semelhante à seguinte: "Se considerarmos tal coisa, então... Mas, se considerarmos esta outra coisa, então...".

Por outro lado, são classificados como **dúbios** os quesitos que dão margem a mais de uma interpretação, pois foram redigidos de maneira confusa, complexa e, por isso, são difíceis de serem entendidos quanto ao escopo que pretendem atingir. Esse tipo de quesito não é redigido desse modo por incapacidade de quem o fez, mas com o objetivo de confundir o trabalho pericial e colocar o perito, se possível, em contradição consigo mesmo.

### Quesitos técnico-contábeis e jurídicos

Quanto ao conteúdo, os quesitos podem ser classificados em técnico-contábeis e jurídicos. São considerados **técnico-contábeis** os que remetem o perito a uma investigação sobre assunto técnico-contábil, financeiro, tributário, econômico, previdenciário ou trabalhista. Requerem uma resposta técnica que independe de uma opinião por parte do profissional e buscam conhecer fatos.

Por outro lado, são considerados quesitos **jurídicos** aqueles que, em sua formulação, citam algum tipo de legislação e remetem o perito a uma interpretação pessoal sobre fatos e comportamentos conhecidos. Requerem uma resposta opinativa que, na maioria das vezes, o perito-contador não pode dar por não pertencer ao campo da ciência contábil nem às finanças empresariais ou a sua economia. Quem pergunta com base nesse tipo de quesitos pretende "colocar na boca" do perito respostas sobre conceitos e opiniões que gostaria, ele mesmo, de dar nos autos do processo, mas quer vê-los enfatizados ou reforçados mediante opinião de terceira pessoa, ou seja, o perito. Portanto, é necessário que o perito tenha muito cuidado para não ser usado por quem formula quesitos para fins nem sempre legais ou éticos, quando não ilícitos, pois tentar conduzir o perito a erro é ato ilícito.

Em qualquer situação, os quesitos não podem ser respondidos laconicamente. Não importa se as respostas são afirmativas ou negativas, todas devem ser fundamentadas com adequada argumentação, cálculos e comprovação documental, segundo cada caso.

Quanto à origem dos quesitos, eles podem ser formulados pelas partes, pelo magistrado e pelo promotor público.

Cabe salientar que, independentemente da categoria e do tipo, desde que deferidos pelo juízo, os quesitos devem ser respondidos pelo perito.

**Quesitos suplementares**

Quesitos suplementares são aqueles apresentados no curso do trabalho pericial. Constatada a necessidade de mais esclarecimentos e de ampliar o escopo da perícia, ainda na fase das diligências e antes que o laudo pericial contábil seja concluído e protocolado, as partes podem apresentar outros quesitos em conformidade com o que estabelece o Código de Processo Civil (CPC) – Lei n. 13.105, de março de 2015 (Brasil, 2015).

Caso o magistrado os defira, deverão ser respondidos pelo perito oficial em sequência aos que houverem sido apresentados inicialmente.

Existem duas condições básicas para que os quesitos suplementares possam ser apresentados e deferidos pelo magistrado:

1. devem estar circunscritos aos pontos fixados pelo objeto da perícia, podendo, todavia, ampliar o campo inicialmente previsto;
2. devem ser requeridos mediante petição ao juiz do feito e ser por ele deferidos no curso do trabalho pericial, antes de sua conclusão.

Chamamos a atenção para um aspecto bastante significativo com relação aos quesitos. Na eventual ausência deles, o trabalho pericial será conduzido com base no fulcro da ação e caberá ao perito judicial, nessas circunstâncias, delimitar, ele mesmo, o campo da investigação a que procederá. Para ajudar-se nessa tarefa, poderá elaborar para si próprio os quesitos que considerar pertinentes ao caso. Nessa situação, tais quesitos constituem parte do planejamento do trabalho pericial.

## Síntese

O perito deve ter especial cuidado com seus papéis de trabalho. Embora não haja determinação legal rígida com relação à sua guarda, deve ser estabelecida uma guarda levando em conta a duração dos processos. Os diferentes tipos de quesitos elaborados pelo magistrado e pelas partes devem ser considerados, tendo em vista sua diferente formulação e seus diferentes objetivos. As diligências realizadas em busca da verdade judicial são objeto de normas e devem ser realizadas em busca dessa verdade, com claras e diretas respostas aos quesitos.

## Questões para revisão

1. O laudo pericial contábil ou parecer pericial contábil deve ter por limite:
   a) os livros e documentos a serem analisados.
   b) os próprios objetivos da perícia deferida ou contratada.
   c) os quesitos, quando formulados pelo juízo e promotor público.
   d) os serviços especializados necessários para a execução dos trabalhos.
   e) os quesitos, quando formulados pelas partes.

2. Segundo as Normas Brasileiras de Contabilidade (NBCs), a execução da perícia, quando incluir a utilização de equipe técnica, deve ser realizada sob a orientação e supervisão do:
   a) perito-contador indicado pela ré.
   b) perito-contador indicado pela autora.
   c) perito-contador que assume a responsabilidade pelos trabalhos.
   d) juiz e advogados das partes.
   e) juiz.

3. Segundo o Código de Processo Civil (CPC), o perito cumprirá escrupulosamente o encargo que lhe foi atribuído, independentemente de termo de compromisso. Os assistentes técnicos são de confiança:
   a) do juízo, sujeitos a impedimento ou suspeição.
   b) do juízo, não sujeitos a impedimento ou suspeição.
   c) da parte, sujeitos a impedimento e suspeição.
   d) da parte, não sujeitos a impedimento ou suspeição.
   e) da parte, sujeitos a impedimento.

4. O perito e o assistente técnico só estarão obrigados a prestar esclarecimentos ao juiz quando intimados a comparecer à audiência, formulando as perguntas, sob a forma de quesitos, quando intimados:
   a) 5 dias antes da audiência.
   b) 30 dias antes da audiência.
   c) 15 dias antes da audiência.
   d) 10 dias antes da audiência.
   e) 23 dias antes da audiência.

5. Quando houver divergência do laudo pericial contábil apresentado pelo perito-contador, o perito-contador assistente ou assistente técnico deverá:
   a) Transcrever o quesito objeto de discordância, a resposta constante do laudo, seus comentários e, finalmente, sua resposta devidamente fundamentada.
   b) Comunicar aos interessados sua discordância e seus comentários.
   c) Comunicar ao juízo, às partes e ao perito-contador sua discordância e seus comentários.
   d) Transcrever o quesito objeto de discordância a respeito do laudo, seus comentários e finalmente sua resposta devidamente aceita pelo perito-contador.
   e) Transcrever o quesito objeto a respeito do laudo, seus comentários e finalmente sua resposta devidamente aceita pelo perito-contador.

## Perguntas & respostas

**1. Para que servem os papéis de trabalho?**

Os papéis de trabalho constituem suportes documentais e técnicos das respostas dadas aos quesitos formulados nos autos do processo. Servem para neles mencionar, entre outros elementos:

- tipo(s) de livro(s) e períodos examinados;
- números dos livros e quantidade de páginas;
- dados sobre o registro na Junta Comercial ou órgãos equivalentes (Receita Federal, Receita Estadual, Receita Municipal, INSS, Inpi etc.);
- transações verificadas ou rastreadas, com detalhes sobre valores, épocas, formas de proceder e tudo mais que for relevante para a prova pericial que está sendo produzida.

**2. Que elementos os papéis de trabalho devem ter?**

- O fórum e o número da vara;
- a natureza da causa;
- o número do processo;
- a data em que foi distribuído;
- o nome do juiz que efetuou a nomeação e o nome do diretor do cartório;
- o nome do autor ou requerente (endereço, telefone, *e-mail* etc.);
- o nome do réu ou requerido (endereço, telefone, *e-mail* etc.);
- o nome do assistente técnico do autor (endereço, telefone, *e-mail* etc.);
- o nome do assistente técnico do réu (endereço, telefone, *e-mail* etc.);
- o que foi pedido com a peça inicial que seja relevante para a perícia;

- o nome e os endereços dos advogados de ambas as partes para eventuais contatos;
- o plano de contas adotado pela(s) empresa(s) objeto de exame;
- o plano de históricos numerados e padronizados adotado pela(s) empresa(s) objeto de exame;
- manuais de procedimentos administrativos e contábeis;
- tudo mais que sirva para certificar a segurança daquilo que está sendo objeto do trabalho.

3. **A investigação pericial pode ser feita por amostragem?**

   Em princípio, a resposta é negativa. A investigação pericial, considerada o campo circunscrito ao objeto que se quer investigar – limitado, portanto, ao espaço temporal e ao(s) tema(s) proposto(s) nos autos do processo –, não admite o uso de testes. Para que o laudo seja completo, o exame deve ser feito por completo. Todavia, podem ocorrer situações em que testes sirvam de parâmetro para inferir algo sobre um conjunto de operações, mas nunca sobre valores precisos. Então podemos dizer que a amostragem é possível para demonstrar, por exemplo, um procedimento administrativo e/ou fiscal padronizado, principalmente quando tal padronização tiver por base um programa de processamento eletrônico de dados que impede o acesso a quem não tenha senha para alterar os parâmetros de controle nele inseridos.

4. **O que são quesitos?**

   Quesitos são perguntas formuladas pelas partes, pelo magistrado e/ou pelo promotor público ao perito oficial e aos assistentes técnicos antes do início dos trabalhos. Quando formulados no curso das diligências, são chamados de *quesitos suplementares*. Seu objetivo ético é ver esclarecidos os pontos que cada um considera relevantes segundo sua estratégia operacional dentro do processo – isso é lícito. Contudo, podem ser elaborados com a intenção de causar confusão processual e dificultar o conhecimento da verdade; nesse caso, cabe à parte contrária requerer ao magistrado que os defina como impertinentes para não serem respondidos pela perícia. É certo que cada um dos agentes – o procurador do autor, de um lado, o procurador do réu, de outro, o promotor público, nos casos em que se faz necessária sua contribuição, e o juiz – tem, para com o processo, uma atitude profissional adequada à função que se espera de cada um e, por isso, apresentam quesitos que sirvam para conhecer a verdade, e apenas isso. Todavia, esse comportamento retilíneo é encontrado pelas partes somente quando é essa a estratégia que lhes convém para saírem vitoriosas na contenda.

**5. O que acontece com o perito quando apresenta respostas aos quesitos?**

Ao responder aos quesitos, o perito cumpre a parte mais importante da missão para a qual foi nomeado.

**6. Qual é o tempo de guarda para os papéis de trabalho do perito?**

Não existe prazo mínimo determinado para a guarda dos papéis de trabalho pelo perito oficial. Em princípio, devem ser mantidos até que se conclua a fase instrutória do processo, o que pode demorar em torno de três anos. Portanto, o tempo recomendado para a guarda é de, no mínimo, três anos. Todavia, há casos em que o processo instrutório tem demorado mais de dez anos. Por essa razão, cabe ao profissional, usando seus conhecimentos e o bom senso, guardar os papéis de trabalho pelo tempo que considerar adequado a cada caso.

7. **O que são quesitos pertinentes e impertinentes?**

   São pertinentes quando relacionados com os fatos narrados na inicial e na contestação e vinculados ao objeto da ação, bem como quando apresentam o poder de trazer esclarecimentos a respeito do que se discute nos autos do processo. São classificados como impertinentes os quesitos que se apresentam contrários ao que anteriormente foi dito, ou seja, não guardam relação com os fatos objeto de questionamento ou deles se desviam, gerando apenas confusão processual e retardamento do trabalho pericial.

8. **Quando e como podem ser apresentados quesitos suplementares ao perito?**

   Constatada a necessidade de mais esclarecimentos e de ampliar o escopo da perícia, ainda na fase das diligências e antes que o laudo pericial contábil seja concluído e protocolado, as partes podem apresentar outros quesitos em conformidade com o que estabelece o Código de Processo Civil (CPC). Existem duas condições básicas para que os quesitos suplementares possam ser apresentados e deferidos pelo magistrado:

   I. devem estar circunscritos aos pontos fixados pelo objeto da perícia, podendo, todavia, ampliar o campo inicialmente previsto;

   II. devem ser requeridos mediante petição ao juiz do feito e ser por ele deferidos no curso do trabalho pericial, antes de sua conclusão.

# Laudo pericial e parecer técnico-contábil

5

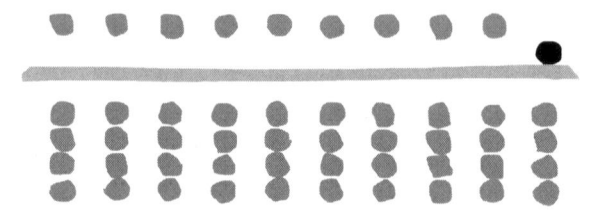

**Conteúdos do capítulo:**

- Finalidades do laudo pericial contábil.
- Requisitos do laudo pericial.
- Anexos e documentos do laudo pericial contábil.
- Tipos possíveis de laudos.
- Estrutura do laudo pericial contábil.
- Linguagem do laudo pericial contábil.
- Parecer técnico-contábil.

**Após o estudo deste capítulo, você será capaz de:**

1. definir a finalidade do laudo pericial contábil;
2. conceituar os tipos de laudo;
3. compreender a estrutura do laudo pericial contábil judicial e extrajudicial;
4. adequar o uso da linguagem para o laudo;
5. identificar o parecer técnico-contábil.

Definidas as questões relacionadas aos quesitos, será necessário confeccionar o laudo pericial. Já verificamos sua finalidade e os requisitos intrínsecos obrigatórios e analisamos a diferença entre anexos e documentos protocolados. Neste capítulo, apresentaremos os tipos de laudos e suas estruturas e indicaremos os principais cuidados que se deve tomar na sua elaboração. Além disso, demonstraremos como deve ser a linguagem utilizada em laudos e nos pareceres técnico-contábeis desenvolvidos pelo perito-contador e pelo assistente técnico.

A perícia contábil inicia-se pelo planejamento e pressupõe adequado nível de conhecimento específico de seu objeto. Como já indicamos, o planejamento é previsto pelas Normas Brasileiras de Contabilidade (NBCs) do Conselho Federal de Contabilidade (CFC).

O planejamento deve ser revisado e atualizado sempre que novos fatores exigirem ou quando recomendado.

Os procedimentos de perícia contábil visam fundamentar as conclusões que serão levadas ao laudo pericial contábil ou parecer pericial contábil e abrangem, total ou parcialmente, segundo a natureza e a complexidade da matéria: exame, vistoria, indagação, investigação, arbitramento, mensuração, avaliação e certificação (CFC, 2020b).

## 5.1 Diferenças entre laudo e parecer pericial contábil

Segundo as NBCs, no laudo pericial contábil, o perito-contador expressa, de modo circunstanciado, claro e objetivo, as sínteses do objeto da perícia, os estudos e as observações que realizou, as diligências, os critérios adotados, os resultados fundamentados e suas conclusões.

Na Norma NBC TP 01 (R1), essas recomendações são expressas da seguinte maneira:

> 36. O laudo pericial contábil e o parecer pericial contábil devem ser elaborados somente por contador ou pessoa jurídica, se a lei assim permitir, que estejam devidamente registrados e habilitados. A habilitação é comprovada por intermédio da Certidão de Regularidade Profissional emitida por Conselho Regional de Contabilidade ou do Cadastro Nacional de Peritos Contábeis do Conselho Federal de Contabilidade.
> 37. O laudo pericial contábil e o parecer pericial contábil são documentos escritos, que devem registrar, de forma abrangente, o conteúdo da perícia e particularizar os aspectos e as minudências que envolvam o seu objeto e as buscas de elementos de prova necessários para a conclusão do seu trabalho.
> 38. Os peritos devem consignar, no final do laudo pericial contábil ou do parecer pericial contábil, de forma clara e precisa, as suas conclusões. (CFC, 2020b, p. 5)

Se houver quesitos, eles serão transcritos e respondidos, primeiramente os oficiais e, na sequência, os das partes, na ordem em que forem juntados aos autos. As respostas serão circunstanciadas e não serão aceitas aquelas como "sim" ou "não", ressalvando-se os quesitos que contemplam especificamente esse tipo de resposta. Se não houver quesitos, a perícia será orientada pelo objeto da matéria, se assim decidir quem a determinou.

Havendo necessidade da juntada de documentos, quadros demonstrativos e outros anexos, estes devem ser identificados e numerados, bem como mencionada a sua existência no corpo do laudo pericial contábil.

O **laudo pericial**, cuja responsabilidade exclusiva é do perito-contador, é datado, rubricado e assinado por ele, devendo-se incluir a categoria profissional de contador e o número de registro em Conselho Regional de Contabilidade (CRC). O documento deve sempre ser encaminhado por petição protocolada, quando judicial ou arbitral; e por qualquer meio que comprove a entrega, quando extrajudicial.

## Importante!

Sá (2007, p. 43) assim define o laudo pericial:

> é o julgamento ou pronunciamento, baseado nos conhecimentos que tem o profissional da contabilidade, em face de eventos ou fatos que são submetidos a sua apreciação, ou seja, é a peça escrita na qual o perito expressa, com objetividade e clareza, a conclusão dos dados e fatos após estudos, observações e diligências realizadas.

O **parecer pericial contábil**, por sua vez, é a peça escrita na qual o perito-contador assistente expressa, de maneira circunstanciada, clara e objetiva, os estudos, as observações e as diligências que realizou e as conclusões fundamentadas dos trabalhos (CFC, 2020a). Na esfera judicial, serve para subsidiar o juízo e as partes, bem como para analisar de maneira técnica e científica o laudo pericial contábil. No âmbito extrajudicial, subsidia as partes nas suas tomadas de decisão; já na esfera arbitral, contribui para orientar o árbitro e as partes na tomada de decisão.

A preparação e a redação do parecer pericial contábil são de exclusiva responsabilidade do perito-contador assistente. Havendo concordância com o laudo pericial contábil, ela deve ser expressa no parecer pericial contábil. Se houver divergências, o perito-contador assistente transcreverá o quesito que é objeto de discordância, a resposta do laudo, seus comentários e, finalmente, sua resposta devidamente fundamentada.

Na eventualidade de haver quesitos não contemplados pelo perito-contador, o perito-contador assistente a eles responderá de modo circunstanciado; não são aceitas respostas como "sim" ou "não", ressalvando-se os quesitos que contemplem especificamente esse tipo de resposta. No caso de haver quesitos, o parecer será orientado pelo conteúdo do laudo pericial contábil. Se for necessária a juntada de documentos, quadros demonstrativos e outros anexos, estes devem ser identificados e numerados, bem como mencionada a sua existência no corpo do parecer pericial contábil.

O parecer pericial contábil será datado, rubricado e assinado pelo perito-contador assistente, que nele fará constar a categoria profissional de contador e o número de registro em CRC. Também deve sempre ser encaminhado por petição protocolada, quando judicial e arbitral, e por qualquer meio que comprove sua entrega, quando extrajudicial.

## 5.2 Tipos de laudo

Há dois tipos de laudo possíveis: os judiciais e os extrajudiciais. Estes últimos podem ser classificados em:

- semijudiciais ou administrativos;
- arbitrais;
- extrajudiciais propriamente ditos.

Vale apontar as diferenças entre laudos judiciais e extrajudiciais. Os primeiros têm por destino único a vara na qual correm os processos para os quais foram confeccionados e, nessa condição, serão a eles juntados. Os laudos extrajudiciais, por sua vez, destinam-se à pessoa que é a autoridade no caso da perícia extrajudicial. Pode ser o diretor de uma empresa ou de uma entidade, seja de direito público, seja de direito privado, e outras pessoas que tenham contratado os serviços extrajudiciais do perito, como o juiz arbitral.

**Estrutura para elaboração de um laudo pericial contábil judicial**

A estrutura do laudo pericial contábil pode variar segundo o tipo de causa a que se destina. Portanto, há aquelas direcionadas a laudos que demandam exames, vistorias, indagações e investigações contábeis, outras para laudos sobre arbitramento e avaliação e outras, ainda, relacionadas à apuração de haveres. De forma genérica, podemos dizer que o laudo deve ter, no mínimo, a seguinte estrutura:

1. **Considerações preliminares** a respeito do objeto da perícia e dos trabalhos realizados, com os seguintes itens: (a) aspectos gerais dos autos; e (b) diligências efetuadas.
2. **Metodologia e critérios de cálculo** ou, alternativamente, **metodologia e critérios de trabalho**, adotados pela perícia para efetuar os exames e as investigações requeridos. Trata-se dos procedimentos técnicos adotados pelo profissional.
3. **Respostas aos quesitos**, começando por aqueles identificados pelo magistrado (caso existam), seguindo com os do autor e, por fim, os do réu.
4. **Resumo e considerações finais.**
5. **Encerramento,** no qual são citadas a responsabilidade profissional do perito, a quantidade de páginas e a quantidade de anexos e de documentos que integram o laudo e que a ele foram juntados.

Alberto (1996, p. 124), defende que o laudo deve conter, se possível nesta ordem, o seguinte:

(a) Abertura (o parágrafo introdutório dos hispânicos);
(b) Considerações iniciais a respeito das circunstâncias de determinação judicial ou consulta, bem como os exames preliminares da perícia contábil;
(c) Determinação e descrição do objeto e dos objetivos da perícia;
(d) Informação da necessidade ou não de diligências e, quando houver, a descrição dos atos e acontecimentos dos trabalhos de campo;
(e) Exposição dos critérios, exames e métodos empregados no trabalho;
(f) Considerações finais onde conste a síntese conclusiva do perito a respeito da matéria analisada;
(g) Transcrição e respostas aos quesitos formulados;
(h) Encerramento do laudo (ou parágrafo final), com identificação e assinatura do profissional;
(i) Quando houver, a juntada sequencial dos anexos, documentos ou outras peças abojadas ao laudo e ilustrativas deste.

Assim, podemos seguir uma estrutura mais ou menos básica para compor os laudos.

**Estrutura para elaboração de um laudo pericial contábil extrajudicial**

A estrutura do laudo pericial contábil extrajudicial dependerá do objeto de exame e investigação contábil e, por isso, não será muito diferente da sugerida para a redação do laudo pericial contábil judicial. Todavia, é possível imaginar algo diferente que, com algumas adaptações, possa servir às várias situações possíveis. A estrutura a que nos referimos é a seguinte:

1. **Introdução** – Este item pode ser composto de: (a) aspectos gerais segundo o escopo do trabalho pericial; (b) diligências realizadas e documentação compulsada; e (c) metodologia e critérios de cálculos adotados pela perícia.
2. **Da apuração dos dados** – Este item varia muito em função do objeto de perícia, mas, genericamente, pode conter: (a) documentos requeridos e apresentados; (b) livros contábeis e fiscais requeridos e apresentados; e (c) demonstrações contábeis e extracontábeis examinadas.
3. **Dos critérios e procedimentos adotados.**
4. **Dos resultados e avaliações periciais.**
5. **Considerações finais ou conclusões.**
6. **Encerramento** (responsabilidade profissional e assinatura).

## 5.3 Finalidade do laudo pericial contábil

A finalidade do laudo pericial contábil é aproximar o juiz ou a pessoa a quem se destina o conhecimento da verdade sob a ótica contábil. Dessa maneira, a prova pericial contábil é requerida para fundamentar decisões de natureza fiscal ou tributária, relacionadas à economia e às finanças empresariais, às divergências trabalhistas e previdenciárias e à apuração de haveres. Por esse motivo, Dalla Zanna (2011, p. 143) destaca que, "considerando que a finalidade do laudo é aproximar o magistrado ou a quem [ele] se destina" do "conhecimento da verdade, conclui-se que a prova pericial contábil é necessária e útil para embasar diversas decisões".

O laudo pericial contábil pode, ainda, abarcar temas mercadológicos, como no caso em que se discute a concorrência desleal ou outras desonestidades cometidas por funcionários, ex-funcionários e sócios dissidentes.

## 5.4 Quesitos extrínsecos que todo laudo pericial deve ter

Não há modelo padrão a ser repetido na elaboração de um laudo, embora haja alguns requisitos que devem ser seguidos. Nesse sentido, Sá (2004, p. 55) ressalta: "os laudos em suas estruturas devem encerrar identificações dos destinatários, do perito, das questões que foram formuladas e conter respostas pertinentes, devidamente argumentadas, anexando-se o que possa reforçar os argumentos das respostas ou opiniões emitidas".

Os requisitos extrínsecos do laudo pericial são dois, como segue:

1. **Formalismo** – Inserem-se neste item as seguintes qualidades:

    - ser feito ou verificado, no final, pelo próprio perito nomeado que o assinará – ele é o único responsável pelo conteúdo dessa prova pericial;
    - estar escrito em vernáculo pátrio, admitido o uso de expressões latinas ou em língua estrangeira quando essas expressões servirem para esclarecer, identificar ou designar fatos;
    - conter a numeração sequencial das páginas;
    - conter o visto em todas as páginas e a assinatura na última;
    - ordenar os anexos, geralmente por letras maiúsculas, como A, B, C etc., com o visto do perito;
    - ser encaminhado mediante petição assinada.

2. **Estética** – O laudo deve ser agradável à leitura. Para tal, quem o redige deve utilizar uma linguagem adequada a cada caso, fluida, interessante, sem, todavia, deixar de

ser técnica. Recursos disponíveis em redatores de texto como o Microsoft Word® são recomendáveis, incluindo cores, sem que isso "carnavalize" o trabalho, que deve ser, acima de tudo, claro e objetivo. Tabelas e gráficos são altamente adequados para laudos contábeis relacionados à comparação de valores em períodos diferentes. Os recursos que melhoram a estética do laudo, geralmente, são:

- fonte Times New Roman, tamanho 14, ou Arial, tamanho 12 – recomenda-se o uso de espaçamento de 2,0 pontos;
- margem superior de 0,5 cm, inferior de 1,5 cm, esquerda de 3 cm e direita de 1,5 cm;
- borda do papel com cabeçalho de 1,5 cm e rodapé de 1,5 cm;
- numeração das páginas, preferencialmente no rodapé, do lado direito;
- papel tamanho A4;
- logo no início, sumário dos capítulos, principalmente quando se tratar de laudo com mais de 20 páginas;
- cada quesito e respectiva resposta em páginas separadas.

O perito deve lembrar que está escrevendo uma peça técnica na qual o padrão de beleza deve se submeter à clareza e à discrição que a redação no campo jurídico requer.

## 5.5 Requisitos intrínsecos ao laudo pericial

Como a principal parte de um laudo é seu conteúdo interno, além de observar as qualidades externas, todo laudo pericial deve conter os seguintes requisitos intrínsecos:

- ser completo e estar bem estruturado para facilitar a leitura;
- ser claro e funcional, ou seja, apresentar respostas claras aos quesitos formulados;
- estar fundamentado em documentos (cópias ou originais) e em cálculos;
- estar delimitado ao objeto da perícia;
- quando necessário, ser completado com anexos e documentos utilizados para fundamentar as respostas aos quesitos.

Além de apresentar um texto organizado de modo claro e funcional, o laudo pericial contábil deve ser estruturado em duas partes, como segue:

1. **Expositiva – Relatar** (Capítulo I) e **informar** a metodologia aplicada pelo profissional (Capítulo II) para que tudo de relevante conste no texto (diligências, documentos e informações obtidos etc.).
2. **Conclusiva** – Conter o pronunciamento técnico do profissional que assina o laudo, com adequadas respostas aos quesitos, resumo e conclusão, incluindo o capítulo de encerramento.

Ao pensarmos nas contribuições que o assistente técnico pode oferecer ao perito oficial por ocasião de um trabalho pericial, é possível identificar várias delas. Destacamos as seguintes:

- Fazer contato telefônico ou epistolar com o perito oficial, colocando-se à disposição para auxiliá-lo em seus trabalhos.
- Marcar as diligências da empresa objeto de perícia (data, horário e local), estabelecendo *a priori* com os responsáveis quem vai atender ao perito oficial, quais documentos

e livros deverão ser exibidos, bem como tomando as demais providências de ordem administrativa.
- Assinar, com o perito oficial e demais pessoas envolvidas, o termo de diligência que ele apresentar ao fim da primeira diligência.
- Oferecer respostas, na forma de rascunho ou de proposta, aos quesitos formulados pelas partes para apreciação do perito oficial, o qual, após os exames pertinentes, poderá aceitá-las ou não.
- Oferecer ao perito oficial, segundo suas necessidades, os fundamentos legais ou tributários aplicáveis ao caso que está sob exame, entregando cópias ou originais da legislação pertinente à matéria debatida nos autos.
- Oferecer ao perito oficial planilhas e outros cálculos com base nos quais – segundo sua ótica como assistente técnico da parte que o contratou – pretende provar a verdade dos fatos nos autos do processo.
- Praticar outras atividades que, segundo sua criatividade e dentro dos padrões éticos e técnicos das NBCs, puder desenvolver e oferecer ao perito oficial para que o escopo da perícia seja atingido plenamente e com a clareza que todo laudo pericial requer.

Cabe, então, ao perito aceitar as contribuições do assistente técnico, para que seu laudo resulte em trabalho de qualidade indubitável e que atenda às necessidades do juizado e do processo.

## 5.6 Anexos e documentos juntados ao laudo pericial contábil

Os **anexos** são planilhas e outras peças elaboradas pelo próprio perito (fotografias, por exemplo) para dar suporte às respostas apresentadas aos quesitos. Eles têm a função de demonstrar os cálculos, como foram feitos e como se chegou ao valor final do que está sendo pleiteado. Identificam-se sequencialmente por letras maiúsculas, como A, B e C, e são muito importantes, pois constituem fontes de esclarecimento técnico, bem como demonstram e comprovam os cálculos feitos para fundamentar as respostas aos quesitos.

Os **documentos**, por sua vez, são provas documentais originais ou cópias que, obtidas pelo perito durante suas diligências, também servem para fundamentar as respostas aos quesitos formulados pelas partes. São as provas documentais que alicerçam a prova contábil. É frequente a situação em que o perito se vê obrigado, pela formulação dos quesitos, a juntar documentos conforme solicitado pelas partes.

O perito oficial pode se fazer valer da colaboração e do trabalho de outros profissionais, contadores ou não, segundo as circunstâncias, para que o laudo pericial contábil seja completo e, com isso, possa atender a todos os quesitos. No entanto, é importante lembrar que o laudo pericial é um trabalho pessoal e, como tal, o *expert* responde profissional, social e criminalmente por ele; portanto, será o perito judicial que o assinará e por ele responderá. Para salvaguardar suas responsabilidades, recomenda-se que proceda a uma acurada revisão do trabalho que lhe foi apresentado pelo colaborador, para garantir que não haja erros, possíveis de acontecer.

Seja para consignar o laudo pericial contábil (no caso do perito oficial), seja para consignar o parecer técnico-contábil (no caso do assistente técnico), é preciso enviar uma petição endereçada ao magistrado da vara, juntamente com os autos do processo, requerendo sua aceitação. Tal petição será feita em duas vias (a segunda serve para protocolo obrigatório). Caso se trate de trabalho extrajudicial, o perito poderá consigná-lo pelo correio com aviso de recebimento (AR) para comprovar, se for solicitado a fazê-lo, que a entrega foi efetuada.

## 5.7 Uso adequado da linguagem no laudo pericial contábil e no parecer técnico-contábil

Considerando que o laudo pericial contábil e o parecer técnico-contábil se destinam, geralmente, a pessoas que não têm a obrigação de conhecer o exato significado da linguagem contábil[1] e precisam entender o que se discute nos autos de um processo, ainda que os temas sejam contábeis, financeiros, microeconômicos, tributários, previdenciários e trabalhistas, o perito e o assistente técnico devem utilizar uma linguagem acessível aos leitores de seu trabalho. Palavras que geram dupla interpretação podem ocasionar questionamentos ao perito na fase dos esclarecimentos e, por isso, precisam ser evitadas. Portanto, sem usar de vulgaridades ou de uma linguagem excessivamente popular, devem-se adotar termos de fácil entendimento e uma linguagem fluida e clara. O texto deve ser lógico e perfeitamente articulado com as peças inseridas nos autos do processo.

Quando for inevitável a utilização de palavras técnicas pouco ou nada conhecidas dos prováveis leitores do laudo pericial contábil ou do parecer técnico-contábil, o profissional deve abrir um capítulo denominado "Definição de termos", um glossário no qual devem constar o significado dos termos empregados e bibliografia pertinente.

O estilo recomendado é o que se aplica a todo tipo de redação, com destaque para:

- construir frases curtas e claras, sem ser lacônicas, pois é defeso ao perito responder apenas "sim" ou "não";
- evitar orações cheias de conceitos e definições, focando, primordialmente, nos fatos, procurando não adjetivá-los;
- usar termos técnicos apenas nos pontos em que isso for inevitável;

---

1 Exemplos: lançamento, deve, haver, contrapartida, razonete, balancete, primeiro que entra primeiro que sai (Peps), custo médio ponderado, média móvel, média fixa, correção monetária, provisão, reserva, despesas diferidas etc.

- elaborar um texto direto e que não deixe dúvidas sobre o que o perito informa;
- não redigir o laudo no tempo condicional dos verbos (futuro do pretérito), pois, considerando-se o objetivo do laudo, não se pode deixar dúvidas ou temas inadequadamente respondidos;
- responder aos quesitos na ordem em que foram apresentados.

Em outras palavras, o que se deseja do perito é um estilo jornalístico, mas sem sensacionalismo. Ou melhor: espera-se que escreva o estritamente necessário, em um texto sucinto e que abranja todo o conteúdo. É recomendado que, antes de entregar o trabalho, outra pessoa faça a revisão do texto, principalmente para proceder a eventuais ajustes relacionados à ortografia e à gramática.

**Tratamento epistolar e pessoal do perito judicial**

Quando está na função de perito judicial, a pessoa deve se reportar aos representantes do Estado (juiz, promotor público etc.) para apresentar seu trabalho. Elencamos, a seguir, as formas de tratamento epistolar e pessoal de cada segmento do Poder Judiciário.

**Formas de tratamento epistolar e pessoal**

Cada ramo do Poder Judiciário tem suas formas de tratamento, como segue:

- Na Justiça Federal, o magistrado da primeira instância é denominado **juiz federal**.
- No âmbito da Justiça Estadual, nas Varas Cíveis, da Família e Sucessões e da Fazenda Pública, o magistrado é denominado **juiz de direito**.
- No âmbito da Justiça do Trabalho, nas Varas do Trabalho, o magistrado é denominado **juiz do trabalho**.

As formas de tratamento do perito com o juízo estão resumidamente dispostas no quadro a seguir.

Quadro 5.1 – Formas de tratamento com o juízo

| Cargo | Quando por escrito | Abreviatura | Quando pessoalmente |
|---|---|---|---|
| Desembargador | Excelentíssimo Senhor Desembargador | Ex.$^{mo.}$ e V. Ex$^{a.}$ | Vossa Excelência |
| Juiz Federal | Excelentíssimo Senhor Juiz Federal | Ex.$^{mo.}$ e V. Ex$^{a.}$ | Meritíssimo Juiz |
| Juiz de Direito | Excelentíssimo Senhor Juiz de Direito | Ex.$^{mo.}$ e V. Ex$^{a.}$ | Meritíssimo Juiz |
| Juiz do Trabalho | Excelentíssimo Senhor Juiz do Trabalho | Ex.$^{mo.}$ e V. Ex$^{a.}$ | Meritíssimo Juiz |
| Curador | Excelentíssimo Senhor Curador | Ex.$^{mo.}$ e V. Ex$^{a.}$ | Vossa Excelência |
| Promotor de Justiça | Excelentíssimo Senhor Promotor | Ex.$^{mo.}$ e V. Ex$^{a.}$ | Vossa Excelência |

Fonte: Dalla Zanna, 2011, p. 42.

Normalmente, o perito trabalha como auxiliar da Justiça para o juiz federal, juiz de direito, juiz do trabalho e em processos criminais para o promotor de justiça (este último dificilmente terá a nomeação de um perito-contador).

## 5.8 Parecer técnico-contábil

Parecer técnico-contábil é a manifestação escrita do que o assistente técnico observou quando fez a leitura e a interpretação do laudo pericial contábil. Além de ser um importante subsídio técnico que contribui para a correta decisão de quem vai julgar o caso, constitui uma peça que visa provar a verdade dos fatos segundo a ótica da parte que contratou os serviços profissionais do perito-contador assistente. Esse parecer busca convencer o magistrado (ou quem fizer o julgamento) a respeito da verdade, sob a ótica de quem o redige (Dalla Zanna, 2011).

O parecer técnico-contábil corresponde também a uma crítica ao laudo pericial contábil e, como tal, pode ter três configurações, como segue:

1. **Ser divergente** – Isso ocorre quando há total divergência com relação ao laudo que critica, em todos os seus itens.

2. **Ser parcialmente divergente** – Isso ocorre quando há concordância com partes do laudo e divergência com outros pontos que serão objeto de suas críticas.

3. **Ser convergente** – Isso ocorre quando há concordância com o laudo. Nesse caso, sua utilidade é enfatizar os pontos positivos do laudo pericial contábil que potencializam a argumentação a favor da parte para quem se trabalha.

A estrutura do parecer técnico-contábil dependerá do objeto de exame e investigação contábil; porém, é possível imaginar uma estrutura – apresentada a seguir – que, com algumas adaptações, pode servir a várias situações possíveis:

1. **Considerações preliminares ou resumo do laudo oficial** – Nesse item, o assistente técnico fará um resumo dos pontos que considera relevantes para o seu trabalho, em comparação com aqueles apresentados pelo perito oficial.

2. **Comentários técnicos ao laudo pericial contábil** – Nesse item, o assistente técnico apresentará os pontos divergentes, os parcialmente divergentes e os convergentes com o laudo pericial contábil, fundamentando suas colocações. Não fará críticas à pessoa do perito oficial, apenas ao seu trabalho.

3. **Parecer técnico** – Nesse item, o assistente técnico demonstrará as consequências de suas divergências para a finalização dos cálculos e analisará as demais conclusões a que chegou o perito oficial. Poderá, aqui, oferecer as próprias

respostas aos quesitos apresentados, na mesma ordem do perito oficial, e entregar ao magistrado o resultado da comparação das respostas com as que foram apresentadas pelo perito oficial.

4. **Ordem de críticas ou comentários aos quesitos apresentados pelo perito oficial** – (a) Reproduzirá o texto do quesito exatamente igual ao que foi apresentado no laudo; (b) reproduzirá o texto da resposta que lhe deu o perito oficial exatamente igual ao que consta no laudo; e (c) apresentará seu "comentário à resposta do perito oficial" com as complementações necessárias. Poderá substituir a palavra *comentário* por *crítica*, mas essa troca não é bem vista. O assistente técnico jamais deve fazer críticas à pessoa do perito oficial, mas ao seu trabalho. Todas as vezes e sempre que considerar errados os cálculos apresentados pelo perito oficial ou entender que os critérios de cálculo por ele usados são inadequados, deverá apresentar os seus de maneira fundamentada. Jamais deve mandar o perito judicial fazer os cálculos novamente, de outra maneira, pois o perito judicial não atenderá e não deve atender a esse tipo de comando das partes. Todavia, se a instrução de usar outro critério para calcular os haveres for uma determinação objetiva, clara e escrita pelo magistrado, cabe-lhe atender ao dever de lealdade e refazê-los em conformidade com a determinação judicial constante em despacho nos autos do processo.

5. **Considerações finais ou conclusões** – Nesse item, o assistente técnico apresentará um quadro comparativo de suas conclusões com as conclusões a que chegou o perito oficial, mostrando o resultado final das divergências técnicas existentes entre os dois profissionais.

6. **Encerramento** (responsabilidade profissional e assinatura).

Todo laudo feito por um contador chama-se *laudo pericial contábil*, porque terá sido feito com base na cultura contábil que norteia suas atividades profissionais. Ainda que feita em ambiente em que a escrituração contábil das variações patrimoniais seja precária ou mesmo inexistente, a abordagem levada a efeito sobre essas variações patrimoniais será essencialmente contábil, distinguindo-se, pois, da visão que têm outras profissões, como as de engenheiro, de economista, de advogado ou mesmo de administrador de empresas. As situações em que o trabalho do perito-contador se revela mais importante para a Justiça são exatamente aquelas em que a escrituração contábil foi desqualificada para servir de prova em juízo ou mesmo fora dele. Será nessas situações que o profissional da contabilidade colocará à prova os saberes científicos para obter um conhecimento aceitável e crível a respeito do que ocorreu com o patrimônio objeto de avaliação.

## 5.9 Modelo de laudo pericial contábil

Para que seja explicitado como se dá o trabalho pericial, segue um laudo pericial contábil que pode servir como modelo. Como se trata de um laudo real, os dados sensíveis foram omitidos com tarjas pretas.

---

**MM. Juízo da 9ª Vara de Execuções Fiscais Federais da Subseção Judiciária em São Paulo/SP**

**Processo nº:** ▮
**Classe:** Embargos à Execução Fiscal
**Assunto:** IRPJ/Imposto de Renda de Pessoa Jurídica, SIMPLES
**Embargante:** ▮ (AUTOR)
**Embargada:** ▮ (RÉU)

▮, Perito Contador inscrito no CRC/SP sob o nº ▮ e no CNPC/CFC sob o nº ▮, honrosamente designado para realizar o exame pericial contábil conforme determinado em **ID.** ▮ dos autos do processo em epígrafe, para apresentar prova pericial conforme quesitos juntados pela empresa Autora ███████████████████████████ em ID. ████████ ; e a ███████████████████████████████ não apresentou quesitos em ID. ████████ – vem, mui respeitosamente, à presença de V. Exa. para **APRESENTAR** o resultado de seu trabalho, nos termos do presente.

## LAUDO PERICIAL CONTÁBIL

para o qual requer sua juntada aos autos.

Termos em que
Pede Deferimento
São Paulo, 21 de Setembro de 2023.

## LAUDO PERICIAL CONTÁBIL

ÍNDICE

| Capítulos | Páginas |
|---|---|
| I – Breve histórico deste processo segundo o escopo da perícia | 03 |
| II – Metodologia e Critérios de Trabalho | 06 |
| III – Quesitos da empresa ██████████████ ████████████ – Embargante/Autora | 12 |
| IV – Quesitos da ████████████████████ – Embargada/Ré | 33 |
| V – Conclusão | 34 |
| VI – Encerramento | 35 |

### I – BREVE HISTÓRICO DESTE PROCESSO SEGUNDO O ESCOPO DA PERÍCIA

**01-)** Em **03/05/2015** a empresa Autora ██████████ ████████████ apresentou *"EMBARGOS À EXECUÇÃO"*, em face da execução fiscal movida pela União Federal.

**A)** Em 04/04/2011, a Embargante incorporou a Companhia ████████████, tornando-se sua sucessora em todos os direitos e obrigações. Antes da incorporação, a Companhia ████████████ efetuou diversas compensações tributárias com base na Lei nº 9.430/96, dentre as quais, o pedido de reconhecimento de crédito consubstanciado na PER/DCOMP nº ████████████████████████ a título de IRPJ apurado no exercício 2007, ano-calendário de 2006, no valor de **R$1.048.050,61** (Um milhão, quarenta e oito mil, cinquenta reais e sessenta e um centavos). Porém, essa PER/DCOMP não foi homologada pela Receita Federal por meio do Despacho Decisório nº ████████ de 03/01/2012.

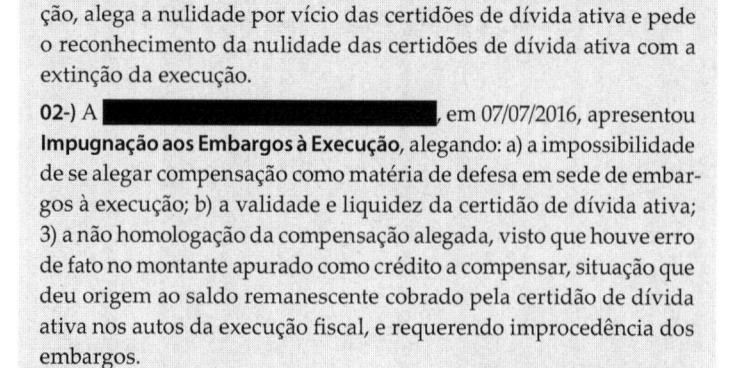

**B)** Nos embargos, a Embargante sustenta a ocorrência de compensação, alega a nulidade por vício das certidões de dívida ativa e pede o reconhecimento da nulidade das certidões de dívida ativa com a extinção da execução.

**02-)** A ███████████████████████, em 07/07/2016, apresentou **Impugnação aos Embargos à Execução**, alegando: a) a impossibilidade de se alegar compensação como matéria de defesa em sede de embargos à execução; b) a validade e liquidez da certidão de dívida ativa; 3) a não homologação da compensação alegada, visto que houve erro de fato no montante apurado como crédito a compensar, situação que deu origem ao saldo remanescente cobrado pela certidão de dívida ativa nos autos da execução fiscal, e requerendo improcedência dos embargos.

**03-)** Em **07/02/2017** a empresa Autora ███████████████ ███████ manifestou-se sobre a impugnação apresentada pela União Federal, sustentando: a) a possibilidade de discussão da compensação em sede de embargos; b) a nulidade da certidão de dívida ativa pela falta de atendimento aos requisitos do art. 202 do Código Tributário Nacional; c) que o crédito requerido administrativamente é suficientemente hábil a liquidar os débitos fiscais discutidos.

**04-)** Em 15/10/2019 a Embargante apresentou suas alegações finais, reiterando o quanto exposto em suas manifestações anteriores no sentido de que as informações lançadas nos títulos executivos apresentados pela União não refletem as demais informações indicadas nas certidões de dívida ativa, ou seja, os documentos em que se baseia a exigência fiscal são nulos, eis que não preenchem os requisitos do art. 202 do Código Tributário Nacional.

**05-)** Em sua inicial, a empresa Autora em **13/05/2015** protesta por todos os meios de prova admitidos, especialmente a prova pericial contábil, e ratifica o pedido em **07/02/2017** e em **20/08/2021**. Em **03/11/2021** foi deferida a produção de prova pericial em **ID.** ███████. Assim, em conjunto com os quesitos apresentados em data posterior, **no texto acima está configurado o objetivo da perícia contábil.**

**06-)** A empresa **Autora** apresentou os quesitos em **ID.** ███████, sem indicar assistente técnico.

**07-)** O **Réu** não apresentou quesitos. Em seguida, que não haverá indicação de assistente técnico.

## II – METODOLOGIA E CRITÉRIOS DE TRABALHO

*O escopo da prova pericial contábil é comunicar às partes interessadas, em linguagem simples, os fatos observados sob a ótica da Ciência Contábil (uma das ciências humanas), dentro de uma filosofia que permita aproveitar os fatos observados, à mercê dos exames procedidos, para o esclarecimento dos pontos dúbios e revelar a verdade que se quer conhecer.*

**01-)** O trabalho investigativo que permitiu produzir esta prova foi conduzido, no que foi possível e aplicável, dentro dos limites técnicos determinados pelas Normas Brasileiras de Contabilidade – **NBC TP 01 (R1)** – DA PERÍCIA CONTÁBIL e – **NBC PP 01 (R1)** – NORMAS PROFISSIONAIS DE PERITO CONTÁBIL, aprovadas, respectivamente, pelas Resoluções 2020/NBCTP01(R1) e 2020/NBCPP01(R1) do CONSELHO FEDERAL DE CONTABILIDADE, ambas atualizadas e datadas de 27/03/2020 e publicadas no D.O.U 27/03/2020. Os procedimentos adotados tiveram como objetivo fundamental a elaboração deste Laudo Pericial Contábil, abrangendo, pois, segundo a natureza e a complexidade da matéria aqui tratada, o exame, a vistoria de documentos, a indagação e/ou pesquisa, a mensuração e a certificação, como previsto na NBC –TP 01 (R1) supracitada.

**02-)** Analisou-se o sistema de argumentação e contra-argumentarão usados nesta lide, a sua lógica e a sua coerência com a prática e com os usos e costumes aplicados a investigações periciais de cunho contábil, financeiro e fiscal, em casos congêneres, ou seja: **analisou-se as CDA(s).**

### Conceito de PER/DCOMP

A **PER/DCOMP** é um pedido eletrônico disponibilizado através de um programa da Receita Federal do Brasil. Esse pedido eletrônico poderá ser de Restituição ou Ressarcimento, ou ainda uma declaração de Compensação. Após o devido preenchimento pelo contribuinte, deve ser validado, gravado e transmitido para a RFB (RFB, 2019).

O objetivo dessa obrigação é permitir que o contribuinte (tanto pessoa física quanto pessoa jurídica) proceda com o preenchimento, a validação do conteúdo e a gravação do Pedido Eletrônico de Restituição, Ressarcimento ou Reembolso (PER) e da Declaração de Compensação (Dcomp), para posterior envio à Receita Federal.

### Conceito de PER/DCOMP não homologados

Dentre as diversas formas de incorreções constatadas no processamento da PER/DCOMP, as ocorrências mais corriqueiras e que vem gerando um grande número de notificações emanadas da RFB são:

**A-)** O crédito não foi apurado pelo próprio declarante e este esqueceu-se de assinalar o campo "crédito de sucedida" ou "crédito de terceiros" ou de informar corretamente o campo "estabelecimento detentor do crédito", no caso de Ressarcimento de IPI;

**B-)** Ao indicar o documento em que o crédito está demonstrado, foi informado por engano um PER/DCOMP de tipo de crédito diferente ou de outro período de apuração do crédito;

**C-)** Transmissão de um PER/DCOMP com detalhamento do crédito e, posteriormente, o seu cancelamento, esquecendo-se de dar tratamento adequado aos demais PER/DCOMP vinculados ao mesmo crédito;

**D-)** Identificação errônea de PER/DCOMP a ser retificado;

**E-)** Não assinalação do campo "Crédito Informado em Outro PER/DCOMP", apresentando-se, novamente, o demonstrativo de crédito;

**F-)** Identificação errada do crédito pretendido;

**G-)** Equívoco ao indicar o período de apuração do crédito, possivelmente confundindo-se nos conceitos de exercício (correspondente ao da DIPJ, regra geral o ano seguinte ao de apuração do saldo negativo) e ano-calendário (ano de ocorrência dos fatos geradores que geraram o saldo negativo);

**H-)** Informado apenas parte do saldo negativo apurado, em desacordo com a orientação constante da Ajuda do PER/DCOMP;

**I-)** Equívoco no preenchimento da DIPJ, não informando corretamente a apuração do saldo negativo do período;

**J-)** Contribuinte detalhou no PER/DCOMP apenas parte do crédito que influenciou a apuração do saldo negativo do período.

**03-)** As partes foram notificadas do início dos trabalhos, conforme preceitua o Art. 474 do Novo Código do Processo Civil e o item 22 da NBC TP 01 (R1), e foram convidadas a deles participar contribuindo com o levantamento de informações e apresentação de argumentos técnico/contábeis que entendessem oportunos fazer para que o Laudo pudesse apresentar os requisitos intrínsecos (qualitativos) de "ser completo", "ser claro e funcional", "ser delimitado ao objeto de perícia" e "ser fundamentado", evitando-se, assim, se possível for, a fase instrutória dos **"esclarecimentos"**.

**04-)** As diligências programadas e realizadas são as seguintes:

**A-)** 10/05/2023 – Carga dos autos (download).

**B-)** 13/05/2023 – Envio de email(s) aos senhores patronos comunicando o início dos trabalhos periciais.

**C-)** 20/05/2023 – Primeira Reunião com os colaboradores deste auxiliar para pôr em prática as ações e diligência(s) planejada(s).

**D-)** 31/05/2023 – Segunda Reunião com os colaboradores deste auxiliar para pôr em prática as ações e diligência(s) planejada(s). Pesquisas de legislações pertinentes ao escopo da perícia contábil.

**E-)** 10/06/2023 – Terceira Reunião com os colaboradores deste auxiliar para pôr em prática as ações e diligência(s) planejada(s). Pesquisas de legislações pertinentes ao escopo da perícia contábil.

**F-)** 15/06/2023 – Quarta Reunião com os colaboradores deste auxiliar para pôr em prática as ações e diligência(s) planejada(s). Pesquisas de legislações pertinentes ao escopo da perícia contábil.

**G-)** 25/06/2023 – Primeiro rascunho do laudo, verificação das pendências, telefonemas e esclarecimentos.

**H-)** 15/07/2023 – Novo rascunho do laudo.

**I-)** 07/08/2023 – Termo de Diligência N.001 enviado para a EMBARGANTE.

**J-)** 25/08/2023 – Novo rascunho do laudo.

**K-)** 09/09/2023 – Termo de Diligência N.001 enviado para a EMBARGANTE.

**L-)** 21/09/2023 – Laudo finalizado.

**05-)** Foram considerados os r. despachos, os documentos constantes nos autos deste processo e as informações recebidas do ilustre Assistente Técnico da Autora, os quais, face às circunstâncias e ao tempo decorrido, foram considerados **suficientes para elaborar esta prova pericial**. Assim sendo, foi possível formar a convicção técnica que permitiu responder às questões formuladas por ambas as Partes.

**06-)** Alguns documentos fiscais, contábeis e vários documentos utilizados na elaboração desta prova pericial encontram-se juntados na forma dos **DOCUMENTOS** de n.º **01 a 07**, como segue:

| Tipo de Livro ou Documento | Trabalho realizado | DOCUMENTOS |
|---|---|---|
| LIVROS e DOCUMENTOS | | |
| Demonstrações contábeis em 31 de dezembro de 2007 e 2006 – ▆ | Leitura e interpretação | n.º 01 |
| Fontes Pagadoras – Informações apresentadas em Dirf do ano-calendário 2006 | Leitura e interpretação | n.º 02 |
| DIPJ 2007 ano-calendário 2006 | Leitura e interpretação | n.º 03 |
| PER/DCOMP ▆ | Leitura e interpretação | n.º 04 |
| SRF Despacho decisório ▆ | Leitura e interpretação | n.º 05 |
| PARECER NORMATIVO COSIT-RFB Nº 02, DE 03 DE DEZEMBRO DE 2018 | Leitura e interpretação | n.º 06 |
| Acórdão 103-007.426 – 3ª Turma/DRJ03 do Processo ▆ | Leitura e interpretação | n.º 07 |

**07-)** Os textos dos quesitos formulados pelas Partes estão literalmente transcritos neste Laudo com os eventuais defeitos de linguagem que apresentam nas petições juntadas. Portanto, este Perito Judicial se responsabiliza pelas respostas técnicas a eles (quesitos) fornecidas, até o limite de seu entendimento lógico, decorrente de análise sintática aplicada, quando necessário, ao texto apresentado. Isto posto, seguem-se as respostas aos quesitos pertencentes à perícia de natureza contábil.

## III – QUESITOS DA EMBARGANTE/AUTORA

**01.** Queira o Sr. Perito informar se a Cia ▆ se encontrava em fase pré-operacional no ano de 2006, em linha com o descrito na nota explicativa 02 das Demonstrações Financeiras auditadas?

**RESPOSTA:**

**Positiva é a resposta,** conforme as Demonstrações Contábeis em 31/12/2007 e 2006 (**Vide_Docto.01**), auditadas pela ▆, nota explicativa 02, podemos observar que os auditores independentes reconhecem expressamente que a Cia ▆ se encontrava em fase pré-operacional no ano de 2006, conforme trecho a seguir:

| 2 | Apresentação das demonstrações contábeis |
|---|---|

As demonstrações contábeis foram elaboradas com base nas práticas contábeis emanadas da legislação societária.

Em 31 de dezembro de 2007, os ganhos líquidos com a variação cambial e com o resultado financeiro, de saldo credor no ativo diferido, foram reclassificados para o resultado de exercícios futuros (Nota 11) para uma melhor apresentação. Com o objetivo de refletir uma melhor comparabilidade, tal reclassificação também foi efetuada para o saldo credor de variação cambial e resultado financeiro líquido em 31 de dezembro de 2006. Desta forma o saldo credor contabilizado no ativo diferido em 31 de dezembro de 2006 de R$ 3.572.389 após a reclassificação para resultado de exercícios futuros, passou a ser de R$2.449.235.

Uma vez que a Sociedade encontra-se em fase pré-operacional, não está sendo apresentada a demonstração do resultado e, por não ter ocorrido movimentação, a demonstração das mutações do patrimônio líquido para os exercícios findos em 31 de dezembro de 2007 e de 2006.

Podemos constatar a mesma afirmação também na nota explicativa 01:

### Notas explicativas às demonstrações contábeis

**Exercícios findos em 31 de dezembro de 2007 e 2006**

*(Em reais)*

| 1 | Contexto operacional |
|---|---|

A ▬▬▬▬▬▬ (a "Sociedade") foi constituída em 2005 e tem por objeto social a constituição e aquisição de ativos a serem locados à ▬▬▬▬▬▬ para utilização no desenvolvimento da produção dos campos de Mexilhão e Cedro, localizados na Bacia de Santos, bem como no desenvolvimento de outras atividades correlatas, incluindo:

(i) A compra e a importação de equipamentos e materiais em geral; e

(ii) A prestação e a contratação de serviços relacionados à produção de gás natural e todas as outras atividades relacionadas.

O empreendimento da Sociedade encontra-se em fase de implantação e construção, cuja previsão para entrar em operação é dezembro de 2009.

**02.** Queira o Sr. Perito informar se, no ano-calendário de 2006, o tratamento contábil, de registro das receitas de aplicações financeiras em conta do ativo diferido foi coerente com a legislação vigente?

**RESPOSTA:**

**Positiva é a resposta,** no ano-calendário de 2006, o tratamento contábil de registro das receitas de aplicações financeiras em conta do ativo diferido foi coerente com o estipulado na Solução de Divergência COSIT no 32, de 21 de julho de 2008:

*Solução De Divergência COSIT Nº 32, de 21 de Julho de 2008*

*DOU 05.08.2008 Imposto sobre a Renda de Pessoa Jurídica – IRPJ*

*EMENTA: As pessoas jurídicas tributadas com base no lucro real devem registrar no ativo diferido o saldo líquido negativo entre receitas e despesas financeiras, quando provenientes de recursos classificáveis no referido subgrupo. Sendo positiva, tal diferença diminuirá o total das despesas pré-operacionais registradas. O eventual excesso remanescente deverá compor o lucro líquido do exercício. DISPOSITIVOS LEGAIS: Lei nº 5.172, de 25 de outubro de 1966. Código Tributário Nacional (CTN), arts. 43 e 44, Lei nº 6.404, de 15 de dezembro de 1976, arts. 177, 179, V e 181, Lei nº 9.249, de 26 de dezembro de 1995, arts. 4º e 36, II, Lei nº 9.430, de 27 de dezembro de1996, arts. 60, II, Decreto nº 3.000, de 26 de março de 1999. Regulamento do Imposto de Renda (RIR), arts. 218, 247, 274 e 325, Instrução Normativa (IN) SRF nº 54, de 05 de abril de 1988, e nº 79, de 1º de agosto de 2000.* –
*Coordenador-Geral Substituto*

E também com o estipulado no Parecer de Orientação CVM nº 17, de 15 de fevereiro de 1989:

*PARECER DE ORIENTAÇÃO CVM Nº 17, DE 15 DE FEVEREIRO DE 1989.*

*...*

*6. EMPREENDIMENTOS EM FASE DE IMPLANTAÇÃO*

*As companhias abertas que possuam empreendimentos em fase pré-operacional, em decorrência de projetos de expansão, reorganização ou modernização, para atendimento ao disposto no artigo 177 da LEI No 6.404/76 e, particularmente, ao princípio da confrontação da receita com a despesa, deverão observar as seguintes recomendações:*

*a) tais empreendimentos, enquanto não estiverem em operação, não devem produzir efeito nos resultados apurados contabilmente pelas companhias;*

*b) as despesas incorridas no período antecedente ao do início das operações de um empreendimento em implantação devem ser agregadas ao ativo diferido e se sujeitar à correção monetária, a partir do mês seguinte em que tenham sido incorridas;*

***c) devem ser agregados ao ativo diferido todos os efeitos de receitas e despesas financeiras****, de atualizações monetárias ativas e passivas e correção monetária do ativo permanente e do patrimônio líquido atribuíveis a empreendimentos em fase de implantação;*

*...*

Bem como a Solução de Consulta no. 73 de 11 de dezembro de 2008, Solução de Divergência nº 45 de 21 de novembro de 2008 e Solução de Consulta nº 132 de 30 de outubro de 2008:

---

**MINISTÉRIO DA FAZENDA**
**SECRETARIA DA RECEITA FEDERAL**

SOLUÇÃO DE CONSULTA Nº 73 de 11 de Dezembro de 2008

---

**ASSUNTO:** Imposto sobre a Renda de Pessoa Jurídica – IRPJ
**EMENTA:** Reforma da Solução de Consulta SRRF04/Disit nº 84, de 2006. As pessoas jurídicas tributadas com base no lucro real devem registrar, no ativo diferido, o saldo líquido negativo entre receitas e despesas financeiras, quando provenientes de recursos classificáveis no referido subgrupo. Sendo positiva, tal diferença diminuirá o total das despesas pré-operacionais registradas. O eventual excesso remanescente deverá compor o lucro líquido. Na existência de saldo negativo de IRPJ decorrente da retenção na fonte desse tributo sobre as receitas financeiras absorvidas pelas despesas pré-operacionais, tal valor poderá ser objeto de restituição ou compensação com outros tributos ou contribuições administrados pela Secretaria da Receita Federal do Brasil, na forma da legislação pertinente.

---

**MINISTÉRIO DA FAZENDA**
**SECRETARIA DA RECEITA FEDERAL**
SOLUÇÃO DE DIVERGÊNCIA Nº 45 de 21 de Novembro de 2008

---

**ASSUNTO:** Imposto sobre a Renda de Pessoa Jurídica - IRPJ

**EMENTA:** As pessoas jurídicas tributadas com base no lucro real devem registrar no ativo diferido o saldo líquido negativo entre receitas e despesas financeiras, quando provenientes de recursos classificáveis no referido subgrupo. Sendo positiva, tal diferença diminuirá o total das despesas pré-operacionais registradas. O eventual

excesso remanescente deverá compor o lucro líquido do exercício. (Gedoc nº 9398-2008)

---

**MINISTÉRIO DA FAZENDA**
**SECRETARIA DA RECEITA FEDERAL**
SOLUÇÃO DE CONSULTA Nº 132 de 30 de Outubro de 2008

---

**ASSUNTO:** Imposto sobre a Renda de Pessoa Jurídica - IRPJ
**EMENTA:** FASE PRÉ- OPERACIONAL - RECEITAS FINACEIRAS Incide o imposto de renda na fonte, na forma da legislação aplicável, sobre as receitas finaceiras auferidas por empresas em fase de pré-operação No caso de empresa em fase de pré-operação, o saldo líquido das receitas e despesas financeiras, quando derivadas de ativos utilizados ou mantidos para emprego no empreendimento em andamento, deve ser registrado no ativo diferido. Esse valor, se credor, deverá ser diminuído do total das despesas pré-operacionais incorridas no período de apuração e, eventual excesso de saldo credor deverá compor o lucro líquido do exercício em questão. Na existência de saldo negativo de IRPJ, decorrente da retenção na fonte desse tributo sobre as receitas financeiras absorvidas pelas despesas pré-operacionais, esse valor poderá ser objeto de restituição ou compensação com outros tributos ou contribuições administrados pela RFB.

Partilhando do mesmo entendimento, destacamos o posicionamento do Egrégio Tribunal Regional Federal da 3ª Região:

> Apelação nº ▇▇▇▇▇▇▇▇▇▇▇
> Relator Juiz Rubens Calixto
>
> TRIBUTÁRIO. IMPOSTO DE RENDA PESSOA JURÍDICA. EMPRESA EM PROCESSO DE CONSTITUIÇÃO. DEMONSTRAÇÕES FINANCEIRAS. CONTABILIZAÇÃO DAS DESPESAS E RECEITAS NO PERÍODO PRÉ-OPERACIONAL. INCLUSÃO NO ATIVO DIFERIDO. POSSIBILIDADE. PRINCÍPIOS CONTÁBEIS DA COMPETÊNCIA E DA CONTINUIDADE.
> 1. Controvérsia diz respeito às demonstrações financeiras da embargante, ora apelada, particularmente em relação à contabilização das despesas e receitas no período pré-operacional, no ano de sua constituição (1985), as quais inseriu na rubrica Ativos Diferidos, ao invés de proceder à apuração de resultado exclusivamente naquele período.
> 2. O § 1º do art. 15, do Decreto-lei 1.598/97, adota princípio que está em consonância com a pretensão da embargante e não poderia, portanto, ser modificado pela Portaria 475/78.
> 3. São inscritas no Ativo Diferido as despesas que irão contribuir para a formação do resultado em mais de um exercício social.
> 4. Da mesma forma que a amortização das despesas de implantação deve ser feita a partir do início das operações da empresa, também os ganhos com aplicação financeira devem ser contabilizados a partir daquele momento e não já no ano em que a empresa foi constituída, mas ainda não está em operação.
> 5. Assim deve ser porque um empreendimento em pré-operacional ou com projetos em implantação não está apto a gerar resultado enquanto não estiver concluído ou em operação.
> 6. A tributação dos rendimentos financeiros na fase pré-operacional, deles deduzindo apenas as despesas do mesmo período, ofende ao princípio da continuidade na medida em que a empresa ainda não está em operação e não tem condições de apurar resultados que expressem a sua real situação econômico-financeira, visto que algumas das despesas de sua estruturação, que servirão como contrapartida em seus resultados, somente ocorrerão e serão efetivamente contabilizadas em períodos futuros.
> 7. Improvidas a apelação e a remessa oficial.

**03.** Queira o Sr. Perito informar se foi retido, no ano de 2006, da Cia ▇▇▇▇▇▇, o montante de R$ 1.048.050,61, a título de IRRF sobre receitas de aplicações financeiras, de acordo com o relatório de fontes pagadoras e declarado na ficha 54 da DIPJ AC 2006?

**RESPOSTA:**

**Positiva é a resposta**, de acordo com o relatório de fontes pagadoras – Informações apresentadas em Dirf do ano-calendário 2006 (**Vide**

**Docto. 02**), foi retido, no ano de 2006, o montante de **R$1.048.050,61** (Um milhão, quarenta e oito mil, cinquenta reais e sessenta e um centavos), a título de IRRF sobre receitas de aplicações financeiras, o que foi declarado na ficha 54 da DIPJ 2007 ano-calendário 2006 da Cia ▬▬▬ **(Vide Docto. 03)**. Confira-se:

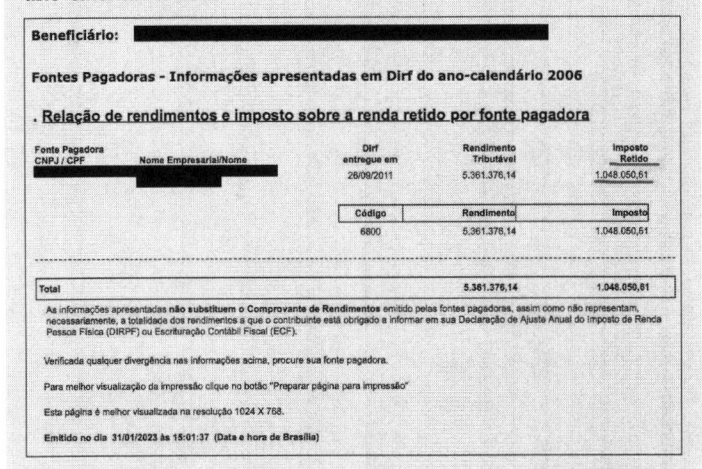

Fontes pagadoras – Informações apresentadas em Dirf do ano-calendário 2006:

| Beneficiário: ▬▬▬ | | | | | |
|---|---|---|---|---|---|
| **Fontes Pagadoras - Informações apresentadas em Dirf do ano-calendário 2006** | | | | | |
| . **Relação de rendimentos e imposto sobre a renda retido por fonte pagadora** | | | | | |
| Fonte Pagadora CNPJ / CPF | Nome Empresarial/Nome | | Dirf entregue em | Rendimento Tributável | Imposto Retido |
| | | | 26/09/2011 | 5.361.376,14 | 1.048.050,61 |
| | | Código | | Rendimento | Imposto |
| | | 6800 | | 5.361.376,14 | 1.048.050,61 |
| Total | | | | 5.361.376,14 | 1.048.050,61 |

As informações apresentadas não substituem o Comprovante de Rendimentos emitido pelas fontes pagadoras, assim como não representam, necessariamente, a totalidade dos rendimentos a que o contribuinte está obrigado a informar em sua Declaração de Ajuste Anual do Imposto de Renda Pessoa Física (DIRPF) ou Escrituração Contábil Fiscal (ECF).

Verificada qualquer divergência nas informações acima, procure sua fonte pagadora.

Para melhor visualização da impressão clique no botão "Preparar página para impressão"

Esta página é melhor visualizada na resolução 1024 X 768.

Emitido no dia 31/01/2023 às 15:01:37 (Data e hora de Brasília)

Ficha 54 da DIPJ 2007 ano-calendário 2006 da Cia ▬▬▬:

```
CNPJ ▬▬▬                              DIPJ 2007 Ano-Calendário 2006 Pag. 29
Ficha 54 - Demonstrativo do Imposto de Renda e CSLL Retidos na Fonte
0001.CNPJ Fonte Pagadora:
       Órgão Público Federal: NÃO
       Código Receita:  6800 - Aplicações financeiras em fundos de investimentos - renda fixa
       Nome Empresarial:
       Rendimento Bruto                                          5.361.376,14
       Imposto de Renda Retido na Fonte                          1.048.050,61
       CSLL Retida na Fonte                                              0,00
```

**04.** Queira o Sr. Perito confirmar se, mesmo no caso de empresas em fase pré-operacional, o IRRF pode compor o saldo negativo do ano da retenção?

**RESPOSTA:**

**Positiva é a resposta,** no caso de empresas em fase pré-operacional, o IRRF incidente sobre receitas financeiras pode compor o saldo negativo do ano da retenção. Tal entendimento tem, há muito, prevalecido no âmbito do CARF, como ilustram os julgados a seguir proferidos pela 1a Turma da Câmara Superior de Recursos Fiscais:

> *IRPJ. Fase Pré-operacional. O saldo líquido negativo decorrente de despesas financeiras superiores às receitas financeiras incorridas durante a fase pré-operacional deve ser lançado a débito da conta de ativo diferido, para*

*futuras amortizações. O IRRF incidente sobre tais receitas financeiras absorvidas pelas despesas financeiras durante a fase pré-operacional se constitui em dedução do imposto devido e poderá gerar imposto de renda a restituir ou compensar. (Acórdão no 9101-001.052, de 28 de junho de 2011, Relator Conselheiro Alberto Pinto Souza Júnior)*

*ASSUNTO: IMPOSTO SOBRE A RENDA DE PESSOA JURÍDICA (IRPJ) Ano-calendário: 2008*

*COMPENSAÇÃO. SALDO NEGATIVO. DEDUÇÃO DE RETENÇÕES NA FONTE. RECEITAS FINANCEIRAS. FASE PRÉ-OPERACIONAL.*

*A legislação fiscal permite o diferimento das receitas financeiras inferiores às despesas financeiras enquanto a pessoa jurídica se encontra em fase pré-operacional e não veda a dedução das correspondentes retenções na fonte para formação de saldo negativo de IRPJ no período. (Acórdão no 9101-004.482, de 5 de novembro de 2019, Relatora Conselheira Edeli Pereira Bessa)*

Bem como a Solução de Consulta nº 73 de 11 de dezembro de 2008, e Solução de Consulta nº 132 de 30 de outubro de 2008:

**MINISTÉRIO DA FAZENDA**
**SECRETARIA DA RECEITA FEDERAL**

SOLUÇÃO DE CONSULTA Nº 73 de 11 de Dezembro de 2008

**ASSUNTO:** Imposto sobre a Renda de Pessoa Jurídica – IRPJ
**EMENTA:** Reforma da Solução de Consulta SRRF04/Disit nº 84, de 2006. As pessoas jurídicas tributadas com base no lucro real devem registrar, no ativo diferido, o saldo líquido negativo entre receitas e despesas financeiras, quando provenientes de recursos classificáveis no referido subgrupo. Sendo positiva, tal diferença diminuirá o total das despesas pré-operacionais registradas. O eventual excesso remanescente deverá compor o lucro líquido. Na existência de saldo negativo de IRPJ decorrente da retenção na fonte desse tributo sobre as receitas financeiras absorvidas pelas despesas pré-operacionais, tal valor poderá ser objeto de restituição ou compensação com outros tributos ou contribuições administrados pela Secretaria da Receita Federal do Brasil, na forma da legislação pertinente.

**MINISTÉRIO DA FAZENDA**
**SECRETARIA DA RECEITA FEDERAL**
SOLUÇÃO DE CONSULTA Nº 132 de 30 de Outubro de 2008

**ASSUNTO:** Imposto sobre a Renda de Pessoa Jurídica - IRPJ
**EMENTA:** FASE PRÉ- OPERACIONAL - RECEITAS FINACEIRAS Incide o imposto de renda na fonte, na forma da legislação aplicável, sobre as receitas finaceiras auferidas por empresas em fase de pré-operação No caso de empresa em fase de pré-operação, o saldo líquido das receitas e despesas financeiras, quando derivadas de ativos utilizados ou mantidos para emprego no empreendimento em andamento, deve ser registrado no ativo diferido. Esse valor, se credor, deverá ser diminuído do total das despesas pré-operacionais incorridas no período de apuração e, eventual excesso de saldo credor deverá compor o lucro líquido do exercício em questão. Na existência de saldo negativo de IRPJ, decorrente da retenção na fonte desse tributo sobre as receitas financeiras absorvidas pelas despesas pré-operacionais, esse valor poderá ser objeto de restituição ou compensação com outros tributos ou contribuições administrados pela RFB.

**05.** Queira o Sr. Perito confirmar se a Cia ▮▮▮▮▮ considerou o montante de R$ 523.433,76, a título de estimativas compensadas por PERDCOMP, para compor o crédito de saldo negativo de IRPJ AC 2006, de acordo com a PERDCOMP – ▮▮▮▮▮▮▮▮▮▮▮▮▮▮▮▮▮▮?

**RESPOSTA:**

**Positiva é a resposta**, de acordo com a PERDCOMP ▮▮▮▮▮▮▮▮▮▮▮▮▮▮▮▮▮▮ **(Vide Docto. 04)**, podemos confirmar que a Cia ▮▮▮▮▮ considerou o montante de **R$ 523.433,76** (Quinhentos e vinte e três mil, quatrocentos e trinta e três reais e setenta e seis centavos), a título de estimativas compensadas por DCOMP ▮▮▮▮▮▮▮▮▮▮▮▮▮▮▮, para compor o crédito de saldo negativo de IRPJ AC 2006. A seguir o demonstrativo:

|  | Período de apuração da Estimativa Compensada | Valor da Estimativa Compensada |
|---|---|---|
| 001 | Março/2006 | 73.475,88 |
| 002 | Junho/2006 | 73.447,22 |
| 003 | agosto/2006 | 17.165,03 |
| 004 | Setembro/2006 | 5.088,51 |
| 005 | Outubro/2006 | 40.907,11 |
| 006 | Novembro/2006 | 261.196,75 |
| 007 | Dezembro/2006 | 52.153,26 |
|  | Total | 523.433,76 |

**06.** Queira o Sr. Perito confirmar se, de acordo com o Parecer Normativo COSIT nº 2, de 2018, as estimativas compensadas através de PERDCOMP, mesmo não homologadas, podem compor o saldo negativo, para o caso em questão?

**RESPOSTA:**

Segundo o Despacho Decisório nº ▮▮▮▮▮ emitido em 03/01/2012 pela Receita Federal **(Vide Docto. 05)**, as estimativas compensadas por DCOMP ▮▮▮▮▮▮▮▮▮▮▮▮▮ não foram homologadas:

| Demais Estimativas Compensadas | | | | | | |
|---|---|---|---|---|---|---|
| Parcelas Confirmadas Parcialmente ou Não Confirmadas | | | | | | |
| Período de apuração da estimativa compensada | Nº do PER/DCOMP de DCOMP | Valor da estimativa compensada PER/DCOMP | Valor confirmado | Valor não confirmado | Justificativa | |
| MAR/2006 | ▮▮▮▮▮ | 73.475,88 | 0,00 | 73.475,88 | DCOMP não homologada | |
| JUN/2006 | ▮▮▮▮▮ | 73.447,22 | 0,00 | 73.447,22 | DCOMP não homologada | |
| AGO/2006 | ▮▮▮▮▮ | 17.165,03 | 0,00 | 17.165,03 | DCOMP não homologada | |
| SET/2006 | ▮▮▮▮▮ | 5.088,51 | 0,00 | 5.088,51 | DCOMP não homologada | |
| OUT/2006 | ▮▮▮▮▮ | 40.907,11 | 0,00 | 40.907,11 | DCOMP não homologada | |
| NOV/2006 | ▮▮▮▮▮ | 261.196,75 | 0,00 | 261.196,75 | DCOMP não homologada | |
| DEZ/2006 | ▮▮▮▮▮ | 52.153,26 | 0,00 | 52.153,26 | DCOMP não homologada | |
| | Total | 523.433,76 | 0,00 | 523.433,76 | | |
| Total Confirmado de Demais Estimativas Compensadas: R$ 0,00 | | | | | | |

De acordo com o Parecer Normativo COSIT nº 02 de 03 de dezembro de 2018 **(Vide Docto. 06)**, as estimativas compensadas através de PERDCOMP, mesmo não homologadas, podem compor o saldo negativo, quando o despacho decisório que não homologou a compensação for prolatado após 31 de dezembro do ano-calendário a que diz respeito a estimativa compensada. Traz-se à colação excertos do Parecer Normativo:

> 12. Com a ressalva que se trata de entendimento apenas para a hipótese em que os débitos das estimativas estejam extintos em 31 de dezembro por Dcomp, (vide itens 11.2 e 11.3), podendo somente após esta data serem cobrados e encaminhados para inscrição em dívida ativa, ratifica-se o entendimento contido nos itens 12, 12.1, 12.1.1, 12.1.3 e 12.1.4 da SCI Cosit no 18, de 2006, e cancela-se o contido no item 12.1.2. Transcreve-se tais itens, já atualizados com o entendimento deste Parecer Normativo:
>
> 12. No que se refere à compensação não homologada, inicialmente cabe ressaltar que o crédito tributário concernente à estimativa é extinto, sob condição resolutória, por ocasião da declaração da compensação, nos termos do disposto no § 2o do art. 74 da Lei no 9.430, de 1996, e, nesse sentido, não cabe o lançamento da multa isolada pela falta do pagamento de estimativa.
>
> 12.1 Por conseguinte, aos valores relativos às compensações não homologadas importa aplicar os procedimentos cabíveis estabelecidos na Instrução Normativa SRF no 600, de 2005 (atual IN RFB no 1.717, de 2017), como abaixo exposto:
>
> 12.1.1 no prazo de 30 dias contados da ciência da não homologação da compensação, o contribuinte poderá recolher as estimativas acrescidas de juros equivalentes à taxa Selic para títulos federais ou apresentar manifestação de inconformidade contra tal decisão;
>
> 12.1.2 não havendo pagamento ou manifestação de inconformidade, o débito relativo às estimativas deve ser encaminhado para inscrição em Dívida Ativa da União, com base na Dcomp (confissão de dívida); (a cobrança e encaminhamento à inscrição em dívida ativa somente pode ocorrer após 31 de dezembro do ano-calendário em curso)
>
> 12.1.3 nas hipóteses em que ficar caracterizada a prática das infrações previstas nos arts. 71 a 73 da Lei no 4.502, de 30 de novembro de 1964, aplica-se a multa isolada prevista no art. 18 da Lei no 10.833, de 29 de janeiro de 2003;
>
> 12.1.4 Assim sendo, no ajuste anual do Imposto sobre a Renda, para efeitos de apuração do imposto a pagar ou do saldo negativo na DIPJ, não cabe efetuar a glosa dessas estimativas, objeto de compensação não homologada.
>
> ...

Confirma-se tal entendimento no Acórdão 103-007.426 – 3ª Turma/DRJ03 (**Vide_Docto. 07**) da Receita Federal, no qual a Receita Federal reconheceu o direito creditório em litígio de um caso semelhante.

**07.** Queira o Sr. Perito confirmar se o montante de R$ 523.433,76, referente a estimativas compensadas por PERDCOMP, deve ser reconhecido para compor o saldo negativo de IRPJ AC 2006?

**RESPOSTA:**

Diante do quadro normativo exposto no quesito anterior, o montante de **R$525.433,76** (Quinhentos e vinte e cinco mil, quatrocentos e trinta e três reais e setenta e seis centavos), referente a estimativas compensadas por PERDCOMP, mesmo não homologadas, deve ser reconhecido para compor o saldo negativo de IRPJ AC 2006.

**08.** Queira o Sr. Perito confirmar se o montante de R$ 215.834,40, referente a estimativas quitadas por DARFs, já havia sido reconhecido no Despacho Decisório?

**RESPOSTA:**

**Positiva é a resposta,** segundo o Despacho Decisório nº 015220688 emitido em 03/01/2012 pela Receita Federal (**Vide Docto. 05**), confirma-se que havia sido reconhecido o valor de **R$215.834,40** (Duzentos e quinze mil, oitocentos e trinta e quatro reais e quarenta centavos) no despacho. Confira-se:

ID Num. 277133017 – Pág. 1:

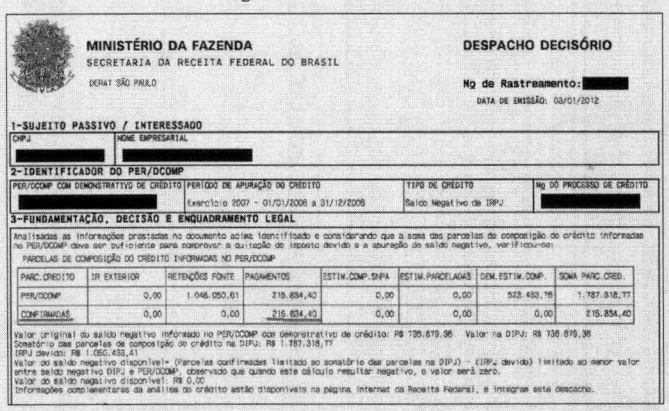

ID Num. 277133017 – Pág. 6:

**09.** Queira o Sr. Perito confirmar se foi registrado na linha 18, da Ficha 12A, da DIPJ AC 2006, o saldo negativo de IRPJ AC 2006, no montante de R$ 736.879,36?

**RESPOSTA:**

**Positiva é a resposta**, confirma-se que foi registrado na linha 18, da Ficha 12ª, da DIPJ 2007 ano-calendário 2006 (**Vide Docto. 03**), o saldo negativo de IRPJ a pagar no montante de **R$ 736.879,36** (Setecentos e trinta e seis mil, oitocentos e setenta e nove reais e trinta e seis centavos). Confira-se:

```
CNPJ                                                          DIPJ 2007  Ano-Calendário 2006  Pag. 11
Ficha 12A - Cálculo do Imposto de Renda sobre o Lucro Real - PJ em Geral

Discriminação                                                                            Valor
IMPOSTO SOBRE O LUCRO REAL
 01.A Alíquota de 15%                                                                  644.663,65
 02.Adicional                                                                          405.775,76
DEDUÇÕES
 03.(-)Operações de Caráter Cultural e Artístico                                             0,00
 04.(-)Programa de Alimentação do Trabalhador                                                0,00
 05.(-)Desenvolvimento Tecnológico Industrial / Agropecuário                                 0,00
 06.(-)Atividade Audiovisual                                                                 0,00
 07.(-)Fundos dos Direitos da Criança e do Adolescente                                       0,00
 08.(-)Isenção de Empresas Estrangeiras de Transporte                                        0,00
 09.(-)Isenção e Redução do Imposto                                                          0,00
 10.(-)Redução por Reinvestimento                                                            0,00
 11.(-)Imp. Pago no Ext. s/ Lucros, Rend. e Ganhos de Capital                                0,00
 12.(-)Imp. de Renda Ret. na Fonte                                                     594.277,86
 13.(-)IR Retido na Fonte por Órgãos, Aut. e Fund. Fed. (Lei nº 9.430/1996)                  0,00
 14.(-)IR Retido na Fonte p/ Demais Ent. da Adm. Púb. Fed. (Lei nº 10.833/2003)              0,00
 15.(-)Imp. Pago Inc. s/ Ganhos no Mercado de Renda Variável                                 0,00
 16.(-)Imp. de Renda Mensal Pago por Estimativa                                      1.193.040,91
 17.(-)Parcelamento Formalizado de IR sobre a Base de Cálculo Estimada                       0,00
 18.IMPOSTO DE RENDA A PAGAR                                                          -736.879,36
 19.IMPOSTO DE RENDA A PAGAR DE SCP                                                          0,00
 20.IMPOSTO DE RENDA SOBRE A DIFERENÇA ENTRE O CUSTO ORÇADO E O CUSTO EFETIVO                0,00
 21.IMPOSTO DE RENDA POSTERGADO DE PERÍODOS DE APURAÇÃO ANTERIORES                           0,00
```

**10.** Queira o Sr. Perito confirmar se foi apurado o saldo negativo de IRPJ AC 2006, no montante de R$ 736.879,36?

**RESPOSTA:**

**Positiva é a resposta**, foi apurado o saldo negativo de IRPJ AC 2006 no montante de **R$ 736.879,36** (Setecentos e trinta e seis mil, oitocentos e setenta e nove reais e trinta e seis centavos).

| Descrição | Competência | Valor R$ | OBS. |
|---|---|---|---|
| IRPJ à alíquota de 15% | 2006 | 644.663,65 | Vide Docto. 03 |
| Adicional | 2006 | 405.775,76 | |
| **Total IR devido (1)** | | **1.050.439,41** | |
| **IRRF** | 2006 | 1.048.050,61 | Vide Docto. 02 |
| **Pagamento de DARF confirmado pela SRF (3)** | abr/06 | 215.834,40 | Vide Docto. 05 |

| Descrição | Competência | Valor R$ | OBS. |
|---|---|---|---|
| Estimativa compensada na Dcomp ▉ | mar/06 | 73.475,88 | Vide Docto. 05 |
| Estimativa compensada na Dcomp ▉ | jul/06 | 73.447,22 | |
| Estimativa compensada na Dcomp ▉ | ago/06 | 17.165,03 | |
| Estimativa compensada na Dcomp ▉ | set/06 | 5.088,51 | |
| Estimativa compensada na Dcomp ▉ | out/06 | 40.907,11 | |
| Estimativa compensada na Dcomp ▉ | nov/06 | 261.196,75 | |
| Estimativa compensada na Dcomp ▉ | dez/06 | 52.153,26 | |
| **Estimativa compensada Subtotal (4)** | | **523.433,76** | |
| Total Crédito (5) = 2 + 3 + 4 | | 1.787.318,77 | |
| Saldo Negativo IRPJ 2006 = 5 – 1 | | 736.879,36 | |

**11.** Queira o Sr. Perito informar qual o saldo negativo de IRPJ AC 2006 que deve ser reconhecido para a Cia ▉ ?

**RESPOSTA:**

Diante do exposto no quesito anterior, deve ser reconhecido o saldo negativo de IRPJ AC 2006 no montante de **R$736.879,36** (setecentos e trinta e seis mil, oitocentos e setenta e nove reais e trinta e seis centavos).

**12.** Queira o Sr. Perito tecer outros comentários, se achar necessário.

**RESPOSTA:**

Não há outros comentários.

## IV – QUESITOS DA EMBARGADA/RÉU

A EMBARGADA não apresentou quesitos conforme ID. ▇▇▇▇▇.

## V – CONCLUSÃO

Conforme demonstrado no decorrer da presente prova técnica, informa-se que a **Cia** ▇▇▇▇▇ se encontrava em fase pré-operacional no ano de 2006, e seu tratamento contábil de registro das receitas de aplicações financeiras em conta do ativo diferido foi coerente com a legislação vigente da época.

O saldo negativo de IRPJ AC 2006 deve ser reconhecido para a **Cia** ▇▇▇▇▇ no montante de **R$736.879,36** (setecentos e trinta e seis mil, oitocentos e setenta e nove reais e trinta e seis centavos), levando em consideração que podem compor o saldo negativo: **a-) o montante de R$1.048.050,61 (Um milhão, quarenta e oito mil, cinquenta reais e sessenta e um centavos) a título de IRRF sobre receitas de aplicações financeiras; b-) o montante de R$523.433,76 (Quinhentos e vinte e três mil, quatrocentos e trinta e três reais e setenta e seis centavos) a título de estimativas compensadas por PERDCOMP mesmo não homologadas; e c-) o montante de R$ 215.834,40 (Duzentos e quinze mil, oitocentos e trinta e quatro reais e quarenta centavos) referentes às estimativas quitadas por darf e reconhecimento pelo fisco.**

## VI – ENCERRAMENTO

São inassumíveis responsabilidades sobre documentos controversos, que fazem parte dos Autos deste Processo, se ainda não apreciados pelo E. Juízo. Inassumíveis também responsabilidades sobre documentos **idôneos e válidos** que podem estar em poder de pessoas físicas e jurídicas, seja da empresa **EMBARGANTE** ou da **EMBARGADA**, ou, ainda, de outros cidadãos interessados no deslinde deste caso, que a nós não foram consignados até a data da conclusão deste Laudo ou foram desentranhados dos autos deste processo, conforme r. decisão judicial.

Por fim, são também inassumíveis responsabilidades sobre matérias jurídicas a que tenha, eventualmente e sem intenção determinada, se referido, inclusive quando este referimento tivesse ocorrido por indução contida – intencionalmente ou não – na formulação dos quesitos, excluídas nestas, obviamente, as responsabilidades implícitas para o exercício de sua profissão, estabelecidas em Leis, Códigos e Regulamentos próprios.

Nada mais havendo a oferecer, dá-se por concluído o presente **LAUDO PERICIAL CONTÁBIL,** composto de **35 (trinta e cinco)** páginas, todas numeradas. Fazem parte do presente trabalho mais **07 (sete)** conjuntos de **DOCUMENTOS,** de números **01 a 07.**

São Paulo, 21 de Setembro de 2023.

Cv: http://lattes.cnpq.br/
Perito Contador
CRC
CNPC:

---

Com esse modelo, pode-se ter uma ideia de como proceder para emitir um laudo pericial contábil.

## Síntese

O laudo contábil judicial deve ser expresso em linguagem clara e direta, sem extrapolações para subjetividades por parte do perito. Ao relatar seu laudo para o processo, o profissional deve abster-se de julgamentos pessoais e objetivar sempre o auxílio à Justiça, no que ela representa de busca da verdade processual. A linguagem de um parecer técnico contábil também deve ser clara, direta e objetiva, visto que ele é elaborado por pedido de parte no processo. Em sua elaboração, o profissional deve ter consciência dessa limitação e primar também pela orientação à verdade do processo.

## Questões para revisão

1. Os procedimentos de perícia contábil visam:
    a) relacionar os livros, os documentos e os dados de que necessitem.
    b) identificar os fatores relevantes na execução dos trabalhos.

c) descrever o conjunto de procedimentos técnicos e científicos.
d) fundamentar as conclusões que serão levadas no laudo pericial contábil.
e) definir o conjunto de procedimentos técnicos.

2. _____: nesse item, serão demonstradas as consequências das divergências para a finalização dos cálculos e demais conclusões a que chegou o perito oficial. Poderá, aqui, oferecer as próprias respostas aos quesitos apresentados, na mesma ordem do perito oficial, e entregar ao magistrado o resultado da comparação das respostas com as que foram apresentadas pelo perito oficial.

Assinale a alternativa que preenche corretamente a lacuna:
a) Parecer técnico.
b) Laudo técnico.
c) Laudo pericial contábil.
d) Resumo do laudo oficial.
e) Resumo do laudo pericial contábil.

3. O parecer técnico-contábil corresponde também a uma crítica ao laudo pericial contábil e, como tal, pode ter três configurações:
a) Divergente, parcialmente divergente e parcialmente convergente.
b) Divergente, convergente e totalmente convergente.
c) Parcialmente convergente, totalmente convergente e divergente.
d) Divergente, parcialmente divergente e convergente.
e) Convergente, parcialmente convergente e divergente.

4. No item "Considerações preliminares ou resumo do laudo oficial", o assistente técnico fará um resumo dos pontos que considera relevantes para o seu trabalho, em comparação com aqueles apresentados pelo:

a) perito oficial.
b) juiz.
c) contador.
d) perito assistente.
e) oficial de Justiça.

5. Todo laudo feito por um contador é chamado:
a) perícia contábil.
b) laudo pericial contábil.
c) laudo contábil.
d) laudo técnico.
e) laudo técnico-contábil.

## *Perguntas & respostas*

**1. O que é o laudo pericial contábil?**

O laudo pericial contábil pode ser:

- o produto do trabalho pericial em que o contador se pronuncia sobre as questões técnicas (questões contábeis) submetidas à sua apreciação, seja no âmbito judicial, seja no extrajudicial;
- uma das provas utilizadas na instrução de um processo com o propósito de conhecer a opinião de um especialista – no caso, o contador.

**2. Qual é a finalidade do laudo pericial contábil?**

A finalidade do laudo pericial contábil é aproximar o magistrado ou a pessoa a quem se destina o conhecimento da verdade sob a ótica contábil. Assim, a prova pericial contábil é requerida para fundamentar decisões de natureza fiscal ou tributária, relacionadas à economia e às finanças empresariais, às divergências trabalhistas e previdenciárias e à apuração de haveres. O laudo pericial contábil pode, ainda, abarcar temas mercadológicos, como no caso em que se discute a concorrência desleal ou outras desonestidades cometidas por funcionários, ex-funcionários e sócios dissidentes.

3. **Quais são os requisitos intrínsecos que todo laudo pericial deve ter, incluindo o contábil?**

Todo laudo pericial deve conter os seguintes requisitos intrínsecos:

- ser completo e estar bem estruturado para facilitar a leitura;
- ser claro e funcional, ou seja, apresentar respostas claras aos quesitos formulados;
- estar fundamentado em documentos (cópias ou originais) e em cálculos;
- estar delimitado ao objeto da perícia;
- quando necessário, ser completado com anexos e documentos que serviram para fundamentar as respostas aos quesitos.

4. **A assistência ao magistrado definida no *caput* do art. 156 do Código de Processo Civil (CPC) pode ser entendida não como mera função para a resolução de questões afetas a determinadas áreas do conhecimento, mas como apreciação de matéria que exige uma amplitude de conhecimentos técnicos reunidos na pessoa do perito contábil. Daí advém outro comando legal – art. 156 do CPC –, em que o perito pode ser responsabilizado por dolo ou culpa ante a prestação de informações inverídicas, respondendo até mesmo pelos prejuízos que causar à parte, além das penalidades que a lei penal estabelecer. Quais são as características essenciais de um laudo pericial, ou seja, a materialização do trabalho do perito?**

O laudo pericial consiste no resultado da perícia judicial, conforme se observa no art. 477 do CPC. Nas palavras do mestre Antônio Lopes de Sá (2004, p. 48), o laudo pericial contábil "é uma peça tecnológica que contém opiniões do perito-contador, como pronunciamento sobre questões que lhe são formuladas e que requerem seu pronunciamento". Há de se observar, no conceito apresentado pelo ilustre professor, os seguintes aspectos:

- Peça de natureza tecnológica: representa o resultado em meio escrito do trabalho técnico do profissional (no caso, o contador).
- Trabalho de natureza opinativa a respeito de determinados questionamentos: o laudo consiste, também, em opinião balizada (estudo de natureza técnico-científica) sobre determinada área do conhecimento humano que visa levantar a manifestação da realidade concreta, com vistas a subsidiar o *decisum* do magistrado.

Ainda nesse mesmo diapasão, Alberto (1996, p. 120) conceitua *laudo* como uma "peça escrita, na qual os peritos contábeis expõem, de forma circunstanciada, as observações e estudos que fizeram e registram as conclusões fundamentadas da perícia".

Desse modo, vale frisar o disposto no art. 479 do CPC, que esclarece a não vinculação do magistrado às conclusões do laudo pericial, podendo formar sua convicção com outros elementos ou fatos provados nos autos. E não poderia ser diferente, já que o laudo contém elementos de natureza elucidativa, esclarecedora, e nunca objetiva impor-se à vontade do juízo.

Nesse sentido, Ornelas (2003) destaca, com muita propriedade, que, embora o laudo se constitua em prova técnica, servirá apenas de elemento para suprir a insuficiência do juiz no que se refere ao objeto da matéria que está sendo apreciada.

Como se espera, o conteúdo do laudo trará todo o desenvolvimento da tese levantada pelo profissional, no intuito de oferecer à autoridade presidente do processo certeza jurídica quanto à matéria fática. Uma vez identificado o cerne da questão, o perito deve debruçar-se sobre o questionamento proposto, visando esclarecê-lo da melhor forma possível. Daí se conclui: fundamentação adequada, embasamento doutrinário consistente, opinião conclusiva e redação clara e objetiva são elementos essenciais na elaboração da peça.

5. Como se sabe, o Código de Processo Civil (CPC) de 1939 já previa diversas disposições sobre a prova pericial. Com o advento do Decreto-Lei n. 9.295/1946, que criou o Conselho Federal de Contabilidade (CFC) e definiu as atribuições do profissional contábil, surgiu a figura jurídica do perito-contador no Brasil. Referido mandamento legal, por meio do art. 25, enumerou os chamados trabalhos técnicos de contabilidade, entre os quais constam as perícias judiciais e extrajudiciais. No artigo seguinte, considerou-se a perícia em matéria contábil atividade privativa dos contadores diplomados e daqueles que lhes são equiparados legalmente. À vista do processo evolutivo das ciências sociais aplicadas, outras normas surgiram no sentido de sedimentar as mudanças naturais da sociedade. Entre elas, pode-se citar a legislação falimentar (DL n. 7.661/1945 e suas alterações posteriores: Lei n. 4.983/1966, nos arts. 63, inciso VI; 93, parágrafo único; 169, inciso VI; 211 e 212, incisos I e II), cujos disciplinamentos jurídicos estabeleceram regras de perícia contábil, delegando ao contador tais atribuições (Magalhães et al., 1998). O parecer do assistente técnico é sobre o laudo do perito ou ele deve elaborar laudo próprio?

Essa questão surge em decorrência da revogação do art. 431 do CPC e do advento da Lei n. 8.455/1992, que introduziu diversas alterações no ordenamento processual civil. O mandamento legal, até então vigente, prescrevia que, em caso de divergências entre o perito e os assistentes técnicos, cada qual elaboraria laudo em separado, dando-lhe as razões que fundamentavam a discordância.

A partir de 1992, as feituras dos trabalhos sob a responsabilidade dos assistentes técnicos passaram por algumas mudanças. Primeiramente, o laudo pericial contábil desses profissionais foi denominado *parecer*, uma vez que somente ao perito do juízo cabe a elaboração do laudo. Aos assistentes, reserva-se a competência técnico-opinativa com a parte representada, embora nada impeça a realização do trabalho em conjunto com o perito do juízo e com outro(s) assistente(s) técnico(s). Nesse sentido, a NBC TP 01 (R1) estabeleceu:

> 23. O assistente técnico pode, logo após a sua contratação, manter contato com o advogado da parte que o contratou, requerendo dossiê completo do processo para conhecimento dos fatos e melhor acompanhamento dos atos processuais no que for pertinente à perícia. (CFC, 2020b, p. 4)

A própria norma atribuiu ao assistente técnico a feição jurídica de perito-contador assistente nos itens 23 a 43. No item 28 estabeleceu o conceito de *parecer pericial contábil*, esclarecendo de maneira translúcida que também o assistente técnico poderá realizar diligências, no sentido de fundamentar as conclusões do seu trabalho.

Além desse aspecto, a norma contábil afirmava, textualmente, que a peça produzida pelos *experts* das partes é de exclusiva responsabilidade desses referidos profissionais, o que indica, mais uma vez, a possibilidade da produção de peça pericial em mão única (CFC, 1992).

Ainda objetivando orientar os profissionais contadores, o CFC teve a preocupação de pôr um ponto final na questão, ao esclarecer que, havendo concordância com o laudo pericial contábil, ela deve ser expressa no parecer pericial contábil. Em sentido contrário, as divergências também devem ser mencionadas mediante transcrição do(s) quesito(s) objeto da discordância, posição do perito do juízo e respectivos comentários e, finalmente, resposta do assistente devidamente fundamentada.

Assim exposto, entende-se com mais clareza o enunciado do art. 436 do CPC, que permite ao juiz formar sua convicção com outros elementos ou fatos provados nos autos. Aliás, a exegese desse dispositivo, quando em conjunto com o parágrafo único do art. 433, ainda do retroestatuto legal, depreende que a questão posta se refere tão somente ao aspecto temporal fixado no CPC. O parágrafo sob apreço determina que os assistentes técnicos ofereçam os pareceres no prazo comum de dez dias após a apresentação do laudo, o que implicaria, portanto, a ciência, pelo assistente técnico, da entrega deste no cartório judiciário. Uma vez devolvidos os autos com o respectivo laudo pericial, deveria haver uma interpretação mais benéfica do CPC às partes, abrindo-se vistas aos assistentes técnicos no intuito de corroborar o cumprimento do citado dispositivo legal, assim como do item 32 da NBC TP 01 (R1) (CFC, 2020b). Com isso, contra o assistente técnico correriam os prazos de praxe, assentando no seu parecer somente a posição divergente, já que, logicamente, em apenas dez dias, todo o trabalho pericial realizado pelo perito não poderia ser refeito.

6. Em que consiste o arbitramento como procedimento de perícia contábil?

   a) Na determinação de valores ou na solução de controvérsia por critérios aleatórios.
   b) Na determinação de valores ou na solução de controvérsia por critério técnico.
   c) Na diligência que objetiva a quantificação do valor.

d) No ato de estabelecer a quantificação de direitos.

e) No ato de estabelecer a quantificação de quesitos.

## 7. Qual a diferença entre laudo pericial e parecer pericial contábil?

Laudo pericial é o julgamento ou pronunciamento baseado nos conhecimentos que tem o profissional da contabilidade, em face de eventos ou fatos que são submetidos a sua apreciação, ou seja, é a peça escrita na qual o perito expressa, com objetividade e clareza, a conclusão dos dados e fatos após estudos, observações e diligências realizadas (Sá, 2007). Já o parecer pericial contábil é a peça escrita na qual o perito-contador assistente expressa, de forma circunstanciada, clara e objetiva, os estudos, as observações e as diligências que realizou e as conclusões fundamentadas dos trabalhos (CFC, 2020a).

## 8. Que configurações pode assumir um parecer técnico-contábil com relação ao laudo contábil?

O parecer pode se posicionar deste modo:

- Ser divergente: isso ocorre quando há total divergência com relação ao laudo que critica, em todos os seus itens.
- Ser parcialmente divergente: isso ocorre quando há concordância com partes do laudo e divergência com outros pontos que serão objeto de suas críticas.
- Ser convergente: isso ocorre quando há concordância com o laudo. Nesse caso, a utilidade do parecer está em enfatizar os pontos positivos do laudo pericial contábil que potencializam a argumentação a favor da parte para quem se trabalh.

## 9. Para que servem os anexos e os documentos juntados?

Os anexos são planilhas e outras peças elaboradas pelo próprio perito (fotografias, por exemplo) para dar suporte às respostas apresentadas aos quesitos. Eles têm a função de demonstrar os cálculos, como foram feitos e como se chegou ao valor final do que está sendo pleiteado. Os documentos, por sua vez, são provas documentais originais ou cópias que, obtidas pelo perito durante suas diligências, também servem para fundamentar as respostas aos quesitos formulados pelas partes. São as provas documentais que alicerçam a prova contábil. É frequente a situação em que o perito se vê obrigado, pela formulação dos quesitos, a juntar documentos conforme solicitado pelas partes.

# Mediação e arbitragem 6

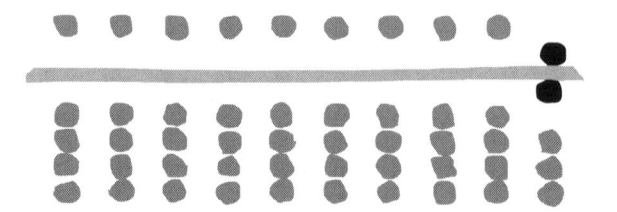

**Conteúdos do capítulo:**

- Conceito de mediação.
- Mediações e projetos de lei.
- O Judiciário e a arbitragem.
- A arbitragem e a profissão contábil.
- Avaliação de empresas.
- Mediação e arbitragem.

**Após o estudo deste capítulo, você será capaz de:**

1. definir o conceito e a aplicação de mediação e arbitragem estabelecidos pela lei;
2. identificar a relação entre o Judiciário, a arbitragem e a relação profissional contábil;
3. debater a relação direta da arbitragem com a profissão contábil;
4. perceber como é a avaliação de empresas e indicadores que o mercado utiliza para estabelecer o valor delas.

𝒜 mediação é menos conhecida no Brasil do que, por exemplo, nos Estados Unidos. Juntamente da arbitragem, faz parte de quatro das alternativas mais conhecidas[1] naquele país, denominadas ADR – iniciais das palavras, em inglês, *Alternative Dispute Resolution* ("alternativa de solução de disputa").

As principais diferenças entre mediação e arbitragem estão no modo de conduzir:

a) Negociação – As partes opostas tentam decidir sobre suas diferenças por si mesmas, com um entendimento direto entre elas ou seus representantes (mediação).

b) Conciliação – Como na mediação, uma pessoa neutra ajuda as partes a obter a própria decisão; todavia, diferentemente daquela, ao menos conceitualmente, espera-se que o conciliador proponha soluções para o conflito ser resolvido (arbitragem).

[1] As quatro alternativas são: mediação, arbitragem, negociação e conciliação.

## 6.1 Conceito de mediação

A mediação compreende um processo voluntário de resolução de conflito em uma relação, qualquer que seja ela. É um processo considerado não adversarial e voluntário, ou seja, um meio de solução de controvérsias em que duas ou mais pessoas físicas ou jurídicas procuram obter uma solução consensual, a qual permite, por não ser contenciosa, a preservação da relação entre essas pessoas. O mediador atua por meio de procedimentos e técnicas próprias para identificar os interesses das partes e com elas construir opções de solução viáveis.

Alonso (2007, p. 10) propõe a seguinte definição de mediação:

> De acordo com o INAMA – Instituto Nacional de Mediação e Arbitragem: "A Mediação é um meio alternativo de solução de controvérsias, litígios e impasses, onde um terceiro neutro, de confiança das partes (pessoas físicas ou jurídicas) por elas livre e voluntariamente escolhido, intervém entre elas, agindo como um 'facilitador', um 'catalisador', que, usando de habilidade, leva as partes a encontrarem a solução para as pendências. Portanto, o mediador não decide, mas, por meio de habilidade e técnicas da "arte de mediar", leva as partes a decidirem, de forma harmoniosa e de acordo com os interesses delas.
> Por sua vez, segundo o CAESP – Conselho Arbitral do Estado de São Paulo: Mediação é uma técnica em que um terceiro neutro e imparcial auxilia as partes no entendimento de seus reais interesses, objetivando as melhores e mais criativas soluções para o conflito, procurando salvaguardar a relação entre as partes.
> Em outras palavras, mediação é um processo voluntário em que as partes envolvidas devem estar de comum acordo com a escolha do Mediador para resolver os problemas que as separam.
> Assim, na Mediação esse(s) terceiro(s) tem(têm) a função de aproximar as partes, procurando identificar os pontos controvertidos e facilitar o acordo, com base em sua neutralidade

e experiência na solução de conflitos para que elas negociem diretamente a solução desejada de sua divergência.

Para isso, ele deve ter, entre outras qualidades, senso de justiça, crença nos benefícios da Mediação e consciência de que as partes, sozinhas, e, entre si, têm muita dificuldade de resolver a questão.

Cumpre salientar, porém, que um Mediador, em geral, tem um poder limitado de tomada de [...] [decisão], pois, diferentemente do Juiz e/ou do Árbitro, ele não pode unilateralmente obrigar as partes a resolverem suas diferenças e impor a decisão. Essa característica distingue o Mediador do Juiz e do Árbitro.

A mediação é, desse modo, uma solução mais moderna para a resolução de conflitos, buscando um acordo entre vontades que gere um contrato entre partes, prescindindo de regulamentação específica legal, embora uma uniformidade e certa padronização de princípios seja desejável.

## 6.2  Projetos de lei para as mediações

Não há ainda, no Brasil, uma legislação específica completa sobre mediação, apenas dispositivos esparsos em que são mencionados os termos *mediação* e *mediador*, em aspectos específicos da relação capital e trabalho, e dois Projetos de Lei (PLs): o PL n. 94, de 2 de dezembro de 2002 (n. 4.827, de 1998, na Casa de Origem), de autoria da deputada Zulaiê Cobra, "que institucionaliza e disciplina a Mediação como método de prevenção e solução consensual de conflitos" (Brasil, 2002a); e o PL n. 4.891, de 10 de março de 2005, elaborado pelo deputado Nelson Marquezelli, que "Regula o exercício das 'profissões' [sic] de Árbitro e Mediador e dá outras providências" (Brasil, 2005a).

O PL n. 94/2002, da deputada Zulaiê Cobra, contou com substitutivo do senador Pedro Simon e foi aprovado pelo Senado em 11 de julho de 2006, retornando à Câmara Federal por ter sido apresentado primeiramente ali e sofrido modificações no Senado. Já o PL n. 4.891/2005, do deputado Nelson Marquezelli, é muito polêmico, inclusive pela sua ementa, que se refere às "profissões de Árbitro e Mediador", que efetivamente não são profissões, e sim funções ou atividades, ou, ainda, especializações, pois tanto o árbitro quanto o mediador desempenham uma atividade ocasional, e não permanente, como muito bem esclareceu o Dr. José Emílio Nunes Pinto em seu excelente artigo intitulado "Árbitro: ser ou estar – Eis a Questão", publicado na *Revista Brasil-Canadá*, da Câmara de Comércio Brasil-Canadá, na edição de outubro e novembro de 2005 (Pinto, 2005).

## 6.3   O Judiciário e a arbitragem

Em comparação com o Judiciário, as principais vantagens da arbitragem são as premissas indicadas a seguir:

- **Celeridade e informalidade:** o procedimento arbitral é mais rápido e menos formal, diminuindo o desgaste e a ansiedade gerados pela morosidade judiciária.
- **Flexibilidade:** as audiências podem ser marcadas em horários e locais que melhor convier às partes.
- **Segurança:** o procedimento arbitral obedece aos mesmos princípios de neutralidade, confiabilidade e imparcialidade do procedimento judicial.
- **Especialização:** melhor qualidade da decisão, já que se pode nomear um especialista na matéria objeto do litígio como árbitro, o que evita, muitas vezes, gastos extras com perícias.
- **Autonomia da vontade das partes:** as partes têm maior autonomia, pois podem escolher as regras de direito material e processual a serem aplicadas no procedimento, ou a entidade especializada que ficará encarregada da administração da arbitragem.
- **Sigilo:** não há, na arbitragem, a publicidade típica dos procedimentos instaurados perante o Poder Judiciário,

resguardando as partes de exposição perante o público e a mídia.
- **Melhor relação custo-benefício**: em virtude da rapidez na resolução do conflito, os custos indiretos decorrentes da demora e da insegurança são minimizados.
- **Preservação do relacionamento**: por ser a arbitragem uma opção feita pelas próprias partes, de comum acordo, cria-se uma atmosfera favorável à mútua cooperação.
- **Menor resistência ao cumprimento da decisão**: existe maior adesão das partes à sentença arbitral, já que [é] proferida por um árbitro de sua confiança e de acordo com um procedimento por elas escolhido.
- **Pronta exequibilidade**: por ser considerada título executivo judicial, a sentença arbitral tem natureza jurídica idêntica à da decisão judicial, podendo ser imediatamente executada em caso de descumprimento, não estando sujeita a recursos ou a homologação pelo Poder Judiciário. (Laurindo, 2024, p. 278-279, grifo nosso)

Desses requisitos, na diferenciação entre o Judiciário e a arbitragem, talvez a principal vantagem desta seja a **rapidez**, pois, além de ser, como mencionado, menos formal e, consequentemente, mais célere, é, em regra, mais econômica do que os procedimentos judiciais vigentes, em boa parte graças à Lei de Arbitragem no Brasil – Lei n. 9.307, de 23 de setembro de 1996 (Brasil, 1996) –, que fixou em, no máximo, seis meses o prazo para a sentença arbitral. No Judiciário, que é regulado pelo CFC, não há prazo máximo fixado e cabem vários recursos para as respectivas decisões.

Há processos judiciais que se arrastam durante décadas, muitos deles em andamento há 30, 40, 50 e até 60 anos. Há casos concretos de processos com duração superior a um século.

## 6.4   A arbitragem e a profissão contábil

A partir principalmente do seu reconhecimento e regulamentação em lei específica – Lei da Arbitragem (n. 9.307/1996) –, a função de árbitro ganhou grande impulso no país, sobretudo em benefício do Judiciário e da sociedade, que ganha em agilidade, em resolução de conflitos e em não judicialização de decisões. Vejamos, a seguir, a fundamentação legal dessa função.

**Projeto de Lei n. 4.953, de 25 de abril de 1990**

Esse PL, de autoria do deputado Victor Faccioni, em seu art. 12, inciso V, incluiu como prerrogativas dos contadores as arbitragens contábeis e a mediação (Brasil, 1990).

Em 1º de abril de 1992, houve reunião da Associação dos Peritos Judiciais do Estado de São Paulo (Apejesp) sobre a fundação do Instituto Nacional de Mediação e Arbitragem (Inama) e, nesse mesmo mês (dia 30), o presidente do Instituto dos Auditores Independentes do Brasil (Ibracon), o advogado Edmir F. Garcez, deu palestra sobre arbitragem no Conselho Regional de Contabilidade (CRC), uma iniciativa conjunta da Apejesp e da Câmara dos Peritos Judiciais, da 5ª Seção Regional, do Ibracon.

De 20 a 23 de agosto de 1992, foi realizado em Águas de São Pedro (SP) o XIII Encontro das Empresas de Serviços Contábeis do Estado de São Paulo, promovido em conjunto pelo Sindicato das Empresas de Serviços Contábeis (Sescon), pelas empresas de assessoria, perícias, informações e pesquisas no Estado de São Paulo e pela Associação das Empresas de Serviços Contábeis do Estado de São Paulo (Aescon). Ali foi apresentado o trabalho intitulado "A arbitragem e as empresas de serviços contábeis", no qual, entre outras recomendações, foi feita a que ainda hoje é válida para os empresários de serviços contábeis e para os demais contabilistas, qualquer que seja sua função ou especialização: as próprias empresas de serviços contábeis devem incluir em seus contratos sociais uma cláusula arbitral para a hipótese de eventual discussão entre os sócios e sugerir o mesmo para os seus clientes.

**Livreto editado pelo CRC-SP em 2000**

Esse livreto, editado na gestão do presidente Victor Galloro, significou valiosa contribuição para a classe na área arbitral, contendo trabalho de arbitragem simulada preparado pela competente contadora gaúcha, professora Vera Luise Becke, sob o título *Arbitragem: a contabilidade como instrumento de decisão*.

Em 30 de novembro de 1998, com a presença do então senador Marco Maciel, foi inaugurado o Tribunal Arbitral do Comércio – que posteriormente mudou sua denominação para *Câmara de Arbitragem Empresarial de São Paulo* (SP Arbitral), utilizada atualmente. Trata-se de uma organização criada mediante convênio da Federação do Comércio do Estado de São Paulo com outras seis entidades, entre as quais estão a Federação dos Contabilistas do Estado de São Paulo e a Apejesp, na qual preponderam os contabilistas.

O CFC já emitiu várias resoluções incluindo aspectos arbitrais, algumas delas até já revogadas.

Apesar de nada haver expressamente a respeito em nossa legislação, o CFC já emitiu várias resoluções incluindo aspectos arbitrais e de mediação. Entre elas, podemos citar a Resolução CFC n. 1.065, de 21 de dezembro de 2005 (CFC, 2006), que alterou a Resolução n. 969, de 29 de setembro de 2003, a qual dispunha sobre o Regimento do Conselho Federal de Contabilidade, em seu art. 13, inciso XXIV, acrescentando a expressão *no âmbito contábil*: "Art. 13 – Compete ao CFC, por meio do plenário: [...] XXIV – elaborar, aprovar e alterar as normas e procedimentos de Mediação e Arbitragem, no âmbito contábil". Abriu-se, assim, uma expectativa quanto à normatização dessa área.

O *Boletim CRC-RS Notícias*, de dezembro de 2005, divulgou a existência da Comissão de Estudos de Mediação e Arbitragem no CRC-RS, o qual organizou e realizou, em 9 de novembro de 2005, o III Encontro de Mediação e Arbitragem do Rio Grande do Sul. Em São Paulo, em 30 de janeiro de 2006, foi aprovada a deliberação do Conselho Diretor do CRC-SP n. 17, datada de 23 de janeiro de 2006, constituindo a Comissão de Estudos de Mediação e Arbitragem sob a coordenação do contador e conselheiro Osvaldo Monea.

**Parceria CFC – CBMAE**

O *Boletim da Câmara Brasileira de Mediação e Arbitragem Empresarial* (CBMAE), de 3 de abril de 2008, divulgou a seguinte notícia: "O Conselho Federal de Contabilidade recebeu, no dia 27 de março, a Coordenadora da CBMAE, Elisabete Alcântara, e o Gerente de Políticas do Sebrae Nacional, Bruno Quick, para discutir uma parceria para difusão da rede de Câmaras" (CBMAE, 2008). O objetivo do acordo é democratizar o acesso à Justiça, aproveitando a capilaridade do CFC para levar os métodos extrajudiciais de solução de controvérsias (Mescs) às micro e pequenas empresas.

No início do Projeto de Mediação e Arbitragem, os Mescs eram considerados apenas uma alternativa a um Judiciário precário. Uma estratégia institucional foi criada para atender associados do sistema CACB (Confederação das Associações Comerciais e Empresariais do Brasil), porém o modelo se mostrou favorável às grandes corporações.

É para preencher essa lacuna que entra o CFC. O Conselho representa uma categoria que está presente em todas as empresas, orientando e efetuando atos judiciais, especialmente naquelas de pequeno porte, que normalmente não contam com advogados ou economistas. Entre as vantagens da parceria, destacam-se a credibilidade dos contadores e o fato de que esses profissionais podem aproveitar o conhecimento da realidade das empresas para tornarem-se árbitros.

Conclui-se, portanto, que há interesse das entidades contábeis e de nossas lideranças pela participação da classe nesse meio alternativo de Justiça, que, entre outras vantagens, aumenta e valoriza nosso campo profissional ou, ao menos, o daqueles que procuram aprimorar seus conhecimentos, valorizando, com isso, cada vez mais a classe contábil e seus integrantes.

## 6.5 Avaliação de empresas

A avaliação de uma empresa constitui um processo um pouco complexo que, embora faça uso de métodos quantitativos, envolve premissas subjacentes à sua aplicação, sujeitas a critérios subjetivos. A quantidade e a qualidade das informações utilizadas e o tempo despendido em compreender a empresa a ser avaliada são condições fundamentais para a elaboração de um bom trabalho.

Sá (2007, p. 33) afirma que não existe realidade absoluta em avaliações monetárias de riquezas e destaca: "As avaliações patrimoniais são expressas em valores monetários, e estes possuem como fator inerente as relatividades".

A avaliação de empresas no meio judicial é um dos processos mais complexos para a prova de perícia contábil. Com a nova Lei de Falências – Lei n. 11.101, de 9 de fevereiro de 2005 (Brasil, 2005b) –, que entrou em vigor em 9 de junho do mesmo ano, a empresa, para solicitar recuperação judicial ou falência, necessita ter um laudo de avaliação elaborado por um perito-contador, o qual irá avaliá-la nos aspectos contábil e econômico, como a sua geração de riqueza. Para fazê-lo, ele deverá encontrar o lucro econômico.

---

**Exemplo de cálculo de avaliação de geração de riqueza**

A Cia. ABC apresentou os seguintes resultados ao final do exercício de X8 aos acionistas:

- empresa conta com R$ 100 milhões de dívidas e R$ 140 milhões de patrimônio líquido;
- o lucro operacional do exercício, após o IR, foi de R$ 33,9 milhões;

- o retorno exigido pelos acionistas é de 15% a.a.;
- o custo de capital de terceiros (custo da dívida) líquido do IR é de 12,5% a.a.

O cálculo do lucro econômico da empresa está detalhado na tabela a seguir:

| Lucro operacional (líquido de IR) | R$ 33,9 milhões |
|---|---|
| Custo de capital de terceiros (credores) | R$ 12,5 milhões |
| Custo de capital próprio (acionistas) (140 milhões × 15%) | R$ 21 milhões |
| Lucro econômico | R$ 400 mil |

Para a obtenção do *goodwill* com base na manutenção da situação atual (exercício de X5), o raciocínio é o que segue:

*Goodwill* = 400 mil/0,15 = 2,667 milhões.

---

Observa-se que o lucro econômico é somente uma parte da avaliação de empresas. Para termos uma visão geral, precisamos também trazer os ativos e passivos a valor presente; com isso, temos o exato valor da organização em termos monetários.

Já quando a empresa for liquidada para pagamento de suas obrigações, o perito não vai avaliar a geração de caixa, somente trazer os ativos e passivos a valor de mercado. O perito, nesse caso, vai elaborar o balanço de determinação, no qual todos os itens que o compõem estão a valor presente, e não a custo, comumente utilizado pela contabilidade tradicional.

Em processos judiciais, o balanço de determinação é comumente utilizado para avaliar empresas. Ele apresenta a real situação financeira delas em determinado momento, e serão trazidos a valor de mercado ou valor justo os itens do ativo circulante, ativo não circulante, passivo circulante, passivo não circulante e patrimônio líquido. Para Ornelas (2000, p. 2),

> Apurar os haveres significa buscar o montante do patrimônio líquido a valores de mercado que cabe ao interessado em

função da sua participação no capital social da sociedade. Mas qual é esse montante? Responder a essa indagação é a grande tarefa do perito em contabilidade nomeado em Juízo, a qual se materializa por meio de laudo pericial contábil de apuração de haveres.

## Síntese

A mediação extrajudicial de confrontos ainda não transformados em processos é uma possibilidade auxiliar que a Justiça vem apoiando há alguns anos no Brasil. Ela é um método de solução de conflitos muito eficiente e mais barato que a judicialização, além de possibilitar a diminuição do número de processos e sua solução mais rápida. Atualmente, o papel do árbitro dessas contendas tem sido muito valorizado no âmbito da Justiça.

## Questões para revisão

1. O arbitramento, como procedimento de perícia contábil, é:
    a) a determinação de valores ou a solução de controvérsia por critérios aleatórios.
    b) a determinação de valores ou a solução de controvérsia por critério técnico.
    c) diligência que objetiva a quantificação do valor.
    d) o ato de estabelecer a quantificação de direitos.
    e) o ato de estabelecer a quantificação de quesitos.

2. Os árbitros envolvidos no litígio poderão ser escolhidos por quem?
    a) Pelo juiz.
    b) Pelas partes envolvidas.
    c) Pela Câmara de Arbitragem e Mediação.
    d) Pelo solicitante da mediação.
    e) Pelo Conselho Federal de Contabilidade (CFC).

3. O tempo para resolução do conflito poderá ser determinado pelas partes no prazo máximo geralmente de:
   a) dois meses.
   b) três meses.
   c) seis meses.
   d) nove meses.
   e) doze meses.

4. No processo de liquidação de uma empresa para fins de pagamento de suas obrigações, o perito não vai avaliar a geração de caixa, somente trazer os ativos e passivos a valor de mercado. O perito, nesse caso, vai elaborar o balanço de determinação, no qual todos os itens que o compõem estão a:
   a) valor presente.
   b) custo.
   c) valor futuro.
   d) valor de mercado.
   e) valor dos ativos da empresa.

5. A principal característica que diferencia o Judiciário e a arbitragem e que configura também uma vantagem é:
   a) a confiabilidade.
   b) a autonomia.
   c) a rapidez.
   d) o sigilo.
   e) a participação das partes envolvidas.

## Perguntas & respostas

**1. Que problemas podem ser solucionados por arbitragem?**

Podem ser solucionadas pela arbitragem questões relativas a direitos que tenham valor econômico e que possam ser comercializados ou transacionados livremente por seus donos. Por isso, a separação de um casal ou a disputa pela guarda dos filhos, por exemplo, não podem ser submetidas à arbitragem. Da mesma forma, as questões criminais ou ligadas a impostos também não podem ser discutidas por arbitragem.

## 2. Como prever a utilização da arbitragem?

Para utilizar a arbitragem, as partes devem incluir em contrato ou em qualquer documento à parte, assinado por elas, uma cláusula contratual prevendo que os futuros litígios dele originados serão resolvidos por arbitragem. O nome jurídico dessa disposição é *cláusula compromissória*.

## 3. É possível utilizar a arbitragem mesmo quando não exista cláusula contratual que a preveja?

Sim, a lei permite isso. Para tanto, depois de surgida a controvérsia, as partes precisam estar de acordo e assinar um documento particular, na presença de duas testemunhas, ou por escritura pública. O nome jurídico dessa disposição é *Compromisso Arbitral*.

## 4. O que é arbitragem de direito?

É aquela em que os árbitros decidirão a controvérsia fundamentando-se nas regras de direito.

## 5. O que é arbitragem por equidade?

É aquela em que o árbitro decide a controvérsia fora das regras de direito, de acordo com seu real conhecimento e entendimento. Podem reduzir os efeitos da lei e decidir de acordo com seu critério de justiça. Para que o árbitro possa decidir por equidade, as partes devem prévia e expressamente autorizá-lo.

## 6. O que é mediação?

A mediação compreende um processo voluntário de resolução de conflito em uma relação, qualquer que seja ela. É um processo considerado não adversarial e voluntário, ou seja, um meio de solução de controvérsias em que duas ou mais pessoas físicas ou jurídicas procuram obter uma solução consensual, a qual permite, por não ser contenciosa, a preservação da relação entre essas pessoa.

## 7. Como definir o que é arbitragem?

A arbitragem se define de modo um pouco diverso, pois é menos formal e, consequentemente, mais célere e mais econômica do que os procedimentos judiciais vigentes. Algumas características da arbitragem, segundo Laurindo (2024, p. 278-279, grifo nosso), são:

- **Celeridade e informalidade**: o procedimento arbitral é mais rápido e menos formal, diminuindo o desgaste e a ansiedade gerados pela morosidade judiciária.
- **Flexibilidade**: as audiências podem ser marcadas em horários e locais que melhor convier às partes.
- **Segurança**: o procedimento arbitral obedece aos mesmos princípios de neutralidade, confiabilidade e imparcialidade do procedimento judicial.
- **Especialização**: melhor qualidade da decisão, já que se pode nomear um especialista na matéria objeto do litígio como árbitro, o que evita, muitas vezes, gastos extras com perícias.
- **Autonomia da vontade das partes**: as partes têm maior autonomia, pois podem escolher as regras de direito material e processual a serem aplicadas no procedimento, ou a entidade especializada que ficará encarregada da administração da arbitragem.
- **Sigilo**: não há, na arbitragem, a publicidade típica dos procedimentos instaurados perante o Poder Judiciário, resguardando as partes de exposição perante o público e a mídia.
- [...]

- **Pronta exequibilidade:** por ser considerada título executivo judicial, a sentença arbitral tem natureza jurídica idêntica à da decisão judicial, podendo ser imediatamente executada em caso de descumprimento, não estando sujeita a recursos ou a homologação pelo Poder Judiciário.

## 8. Quando é solicitada ao perito-contador a avaliação de empresas?

A avaliação de empresas no meio judicial é um dos processos mais complexos para a prova de perícia contábil. Com a nova Lei de Falências (Lei n. 11.101/2005), que entrou em vigor em 9 de junho de 2015, a empresa, para solicitar recuperação judicial ou falência, necessita ter um laudo de avaliação elaborado por um perito-contador, o qual irá avaliá-la nos aspectos contábil e econômico, como sua geração de riqueza. Para fazê-lo, ele deverá encontrar o lucro econômico.

# Estudo de caso

Um contador foi indicado como assistente técnico da empresa ré. O advogado telefonou-lhe e pediu que fosse até a empresa para vistoriar e comprovar se o setor no qual trabalhava o empregado autor encontrava-se próximo do tanque de bombeamento de hidrogênio líquido e aferir o grau de risco de explosão existente no local. O assistente técnico foi prontamente ao local – antes da data marcada pelo perito judicial para a diligência oficial – e recomendou a imediata mudança do setor onde trabalhava o empregado autor para outro local, distante do tanque de hidrogênio líquido. Suas recomendações foram prontamente atendidas pela gerência da fábrica.

Fonte: Alberto, 1996, p. 91.

Analisaremos o caso levando em consideração as Normas Brasileiras de Contabilidade (NBCs) relacionadas à perícia contábil.

As considerações para o estudo de caso são:

1. O advogado não considerou o fato de o contador não ter habilitação profissional para trabalhos de engenharia.
2. A empresa deveria contratar a equipe técnica necessária para a execução do trabalho (ou o engenheiro).
3. O assistente técnico pode e/ou deve colocar-se à disposição do perito oficial para auxiliá-lo no que for preciso, o que não foi feito pelo profissional indicado no caso. O assistente técnico não informou ao perito oficial que pretendia fazer uma vistoria antes da data marcada, faltando com a ética profissional.
4. O assistente técnico não providenciou as anotações pertinentes à diligência realizada.
5. Não é da competência do contador tratar de assunto de segurança na indústria. A vistoria deveria ser feita por engenheiro especializado em assunto de risco de explosão.
6. O contador deveria escusar-se dos serviços para os quais foi nomeado, pois não eram de sua competência profissional.
7. O contador, na melhor das hipóteses, deveria valer-se da contribuição de um engenheiro especialista em explosões, contratado por ele, para efetuar a vistoria desse tipo de problema.
8. Por fim, o contador deveria ter serenidade no cargo para não recomendar ações que implicassem a destruição das provas, pois, mesmo na função de assistente técnico, deve atender ao Código de Ética do Contabilista e agir com isenção e imparcialidade.

# Consultando a legislação

Com o objetivo de alinhavar as rotinas e os procedimentos do perito-contador, elaboramos uma lista básica de consulta à legislação, a qual facilitará e norteará os trabalhos do perito--contador, possibilitando, assim, dirimir qualquer dúvida no que tange aos diretos e deveres de cada cidadão.

Para isso, indicamos a leitura dos documentos a seguir:

BRASIL. Constituição (1988). **Diário Oficial da União**, Brasília, DF, 5 out. 1988. Disponível em: <http://www.planalto.gov.br/ccivil_03/constituicao/ConstituicaoCompilado.htm>. Acesso em: 27 abr. 2024.

A Constituição da República Federativa do Brasil (1988) fundamenta os trabalhos desenvolvidos pelos peritos e assistentes. Por meio dela, identificamos os diretos e deveres de todos os cidadãos.

BRASIL. Decreto-Lei n. 5.452, de 1º de maio de 1943. **Diário Oficial da União**, Poder Executivo, Rio de Janeiro, 9 ago. 1943. Disponível em: <http://www.planalto.gov.br/ccivil_03/decreto-lei/del5452.htm>. Acesso em: 27 abr. 2024.

A Consolidação das Leis Trabalhistas (CLT) apresenta os parâmetros que devem ser observados pelos peritos para dirimir qualquer dúvida com relação ao que as partes estão reclamando como direito. O embasamento das orientações adotadas pelo perito e pelo assistente precisa ter cunho jurídico, estabelecido pela legislação vigente – nesse caso, a CLT.

BRASIL. Decreto-Lei n. 1.535, de 23 de agosto de 1939. **Diário Oficial da União**, Rio de Janeiro, 25 ago. 1939. Disponível em: <http://www2.camara.leg.br/legin/fed/declei/1930-1939/decreto-lei-1535-23-agosto-1939-411594-publicacaooriginal-1-pe.html>. Acesso em: 27 abr. 2024.

O Decreto-Lei n. 1.535/1939 estabelece que o curso de perito-contador deixa de existir e passa a ser considerado como curso de contador. Essa regulamentação estabelece que, para perito de cargos públicos, o profissional deve ter diploma de ensino superior em Ciências Contábeis.

BRASIL. Lei n. 13.105, de 16 de março de 2015. **Diário Oficial da União**, Poder Legislativo, Brasília, DF, 17 mar. 2015. Disponível em: <http://www.planalto.gov.br/ccivil_03/_Ato2015-2018/2015/Lei/L13105.htm#art1045>. Acesso em: 28 mar. 2024.

O Código de Processo Civil (CPC) tem como objetivo auxiliar na conduta com relação aos direitos e deveres das pessoas que utilizam o meio judiciário para provar suas alegações. O perito é um auxiliar da Justiça e deverá utilizar como parâmetro o CPC para saber quais são seus direitos e deveres como perito judicial ou assistente técnico das partes.

CFC – Conselho Federal de Contabilidade. Resolução CFC n. 560, de 28 de outubro de 1983. **Diário Oficial da União**, Brasília, DF, 28 dez. 1983. Disponível em: <https://www.legisweb.com.br/legislacao/?id=95495>. Acesso em: 27 abr. 2024.

A Resolução CFC n. 560/1983 estabelece como opção para os formandos do curso de Ciências Contábeis a profissionalização da atividade de perito-contador no Brasil, proporcionando assim mais uma alternativa de atuação para o profissional da área contábil.

CFC – Conselho Federal de Contabilidade. Resolução CFC n. 1.244, de 10 de dezembro de 2009. **Diário Oficial da União**, Brasília, DF, 18 dez. 2009. Disponível em: <http://www.normaslegais.com.br/legislacao/resolucaocfc1244_2009.htm>. Acesso em: 27 abr. 2024.

A Resolução CFC n. 1.244/2009 foi criada para atender à necessidade de se estabelecerem regras ao desenvolvimento da atividade de perito-contador, haja vista sua profissionalização. Ela estabelece regras e prerrogativas mínimas para que o profissional possa desempenhar a tarefa de perito-contador.

# Considerações finais

Como é possível observar, o campo de atuação do perito-contador é amplo e exige conhecimentos técnicos de contabilidade, tributos e demais ramificações da área. Também é recomendável dominar os ramos do direito que geram trabalho pericial contábil, destacando-se a Lei de Falências e Recuperação Judicial, o Código Civil, as legislações fiscal, trabalhista e previdenciária e Lei das S.A. Trata-se de uma função indelegável em virtude de sua competência técnica e por ser de nomeação pessoal de confiança do juiz que o nomeou; todavia, é facultado ao perito obter a ajuda de outros profissionais para a execução de seu trabalho.

Se você deseja alcançar bons resultados ao utilizar um processo metodológico, é fundamental obter respeito e confiança da empresa e das demais pessoas envolvidas no processo que nela trabalham, desde os mais elevados escalões administrativos até as mais periféricas camadas de operadores e auxiliares.

Isso também se aplica às instituições de educação para a formação profissional.

Contempladas essas condições, o processo de ensino-aprendizagem deve ser conduzido com base em uma proposta metodológica, desdobrada nas seguintes etapas:

- Ensino – Investigação bibliográfica e experimental desenvolvida com a utilização de estudos prévios e operacionalizada por estudos de casos práticos.
- Recursos didáticos – Textos selecionados, Normas Brasileiras de Contabilidade (NBCs) relacionadas à perícia contábil e projeções de imagens.

Outros recursos metodológicos, de aprendizagem e aprimoramento de conhecimentos poderão ser empregados no decurso deste estudo com o propósito de ampliar os meios de autodesenvolvimento para aqueles interessados no tema da perícia contábil.

# Lista de siglas

| | |
|---|---|
| Aescon | Associação das Empresas de Serviços Contábeis do Estado de São Paulo |
| Aiim | Auto de infração e imposição de multa |
| Apejesp | Associação dos Peritos Judiciais do Estado de São Paulo |
| AR | Aviso de recebimento |
| BP | Balanço Patrimonial |
| CACB | Confederação das Associações Comerciais e Empresariais do Brasil |
| CBMAE | Câmara Brasileira de Mediação e Arbitragem Empresarial |
| CC | Código Civil |
| CF | Constituição Federal |
| CFC | Conselho Federal de Contabilidade |
| CLT | Consolidação das Leis Trabalhistas |
| CNPC | Cadastro Nacional de Peritos Contábeis |

| | |
|---|---|
| CPC | Código do Processo Civil |
| CRC | Conselho Regional de Contabilidade |
| CVM | Comissão de Valores Mobiliários |
| Ibracon | Instituto dos Auditores Independentes do Brasil |
| Inama | Instituto Nacional de Mediação e Arbitragem |
| Inpi | Instituto Nacional da Propriedade Industrial |
| INSS | Instituto Nacional do Seguro Social |
| Mescs | Métodos extrajudiciais de solução de controvérsias |
| NBC | Norma Brasileira de Contabilidade |
| NBPJ | Norma Brasileira de Perícia Judicial |
| NPPJ | Núcleo de Práticas e Pesquisas Jurídicas |
| ONG | Organização não governamental |
| Peps | Primeiro que entra primeiro que sai |
| PL | Projeto de lei |
| Sescon | Sindicato das Empresas de Serviços Contábeis |

# Glossário

**Auto:** Do grego *autos*, significa "próprio", "por si mesmo", "autônomo". Na linguagem forense e no que tange aos objetivos da perícia contábil, representa todo termo ou narração circunstanciada de qualquer diligência judicial ou administrativa, escrita por tabelião ou escrivão e por estes autenticada, no qual se mostram as várias peças ou assentos de um processo, lavrados para prova, registro e evidência de uma ocorrência. No plural, designa todas as peças pertencentes ao processo judicial ou administrativo, tendo o mesmo sentido de *processo*. Os autos são formados por petições, documentos articulados, termos de diligência, de audiência, certidões, laudos periciais, sentença etc.

**Certeza:** Na terminologia jurídica, significa a convicção que se tem com relação ao fato ou à ideia. No sentido próprio do direito processual, quando se refere à matéria objeto de julgamento, a certeza revela a própria convicção ou convencimento do juiz; portanto, não deixa lugar para dúvidas, pois, se há certeza a respeito do fato, elas já foram eliminadas. Quem está certo da coisa ou do direito está ciente de que a razão que se formou em seu íntimo decorreu do conhecimento obtido com base no qual lhe foi possível conhecer a verdade. Assim, a certeza mostra o definitivo, o inalterável e o inconfundível. Quando o indivíduo não admite dúvidas sobre o assunto, diz-se ter certeza a respeito dele. Assim, trata-se da afirmação preliminar da verdade.

**Conluio**: Do latim *colludium*, de *cum* e *ludus*, que, em sua origem, tem o sentido de "com jogo". É o mesmo que conchavo, arranjo, combinação, simulação, conivência. É a maquinação, trama, combinação maliciosa ajustada entre duas ou mais pessoas com o propósito de fraudar ou iludir outra(s) ou de furtar-se ao cumprimento da lei, inclusive quando se trata de sonegação de impostos. Chama-se de *conluio* o ato combinado entre as partes de um processo para ludibriar o juiz em detrimento de terceiros, geralmente o Estado.

**Convicção**: Do latim *convictio*. Apresenta a mesma significação de *convencimento* com as acepções de capacitar, provar, demonstrar, pôr em evidência, inferir. Na terminologia jurídica, o vocábulo *convencimento*, sem se desviar do sentido original, significa opinião formada, esclarecimento obtido, conclusão a que se chegou a respeito de certos fatos, em virtude do exame procedido, das investigações intentadas ou dos estudos feitos acerca do tema. Convicção é, assim, o reconhecimento da verdade, seja por meio das evidências das provas apresentadas, seja mediante fatos que mostram a realidade verdadeira e inconfundível.

**Denúncia**: Do verbo *denunciar* (do latim *denunciare* – "revelar", "comunicar", "dizer", "delatar"). Exprime, na terminologia jurídica, o ato que alguém pratica – o denunciador ou o denunciante – de espontânea vontade, geralmente movido por razões éticas, de revelar, de dar a conhecer, em público, o que entende ser a verdade a respeito de algo escuso, incorreto, criminoso e lesivo aos seus interesses e/ou aos interesses da coletividade. A denúncia, assim entendida, não é uma prova. É apenas a indicação de que algo, o que está sendo denunciado, precisa ser provado de forma científica, a fim de que o que foi denunciado seja considerado uma verdade ou uma falsidade. No caso de ser uma falsidade, estaremos diante da calúnia, crime imputável.

**Dúvida**: Do verbo *duvidar* (do latim *dubitare* – "hesitar", "vacilar", "pôr em dúvida"). Exprime, na terminologia jurídica, a incerteza em que se está a respeito da verdade, referente a um fato ou a uma coisa. Assim, a dúvida caracteriza-se em não se saber o certo acerca da verdade de um fato ou de uma coisa em discussão, pelo que se faz mister um esclarecimento para a formação da certeza. Esta virá, então, desfazer a vacilação decorrente da incerteza, firmando a verdade pertinente ao que se quer saber. Os elementos que promovem a certeza são as provas e as presunções.

**Erro:** Derivado do latim *errare* – "enganar-se", "estar em erro", "desviar-se". Entende-se como tal o ato ou a omissão decorrente de ignorância ou de interpretação equivocada da realidade. O erro distingue-se de ignorância, pois é a falsa ideia ou o falso sentido que se tem de alguma coisa. A ignorância é a ausência de conhecimento, pelo que é, então, mais ampla que o erro, pois revela a falta total de ideia. Juridicamente não se aceita a ignorância como justificativa e entende-se o erro como uma ideia contrária à verdade, podendo, pois, ser o falso tomado como se verdadeiro fosse e o verdadeiro como falso, porém, sem a intenção de cometê-lo. O erro, para ser conceituado como tal, deve ser involuntário. O erro não se presume: quando alegado, deve ser provado. Quando o erro é voluntário, chama-se *fraude*.

**Evidência:** Do latim *evidens* – "claro", "patente". É a verdade incontestável, que convence, que todos podem verificar, digna de crédito e merecedora de fé. É a manifestação que dá certeza. É a qualidade do que é evidente e insofismável. A evidência não deixa dúvidas quanto à verdade ou à falsidade do objeto investigado. No âmbito da Justiça, evidências no processo são as provas incontestáveis juntadas nos autos. Segundo a Enciclopédia Contábil e Comercial Brasileira, de Antonio Calderelli (1999, p. 396, v. 1), *evidência de contas* é a demonstração que se faz de uma ou várias contas, no sentido de esclarecer, com detalhes, os atos ou fatos registrados nelas. Para se evidenciar uma conta, torna-se necessário demonstrá-la por completo, ou seja, com todos os seus elementos de débito, crédito, histórico, valor e saldo.

**Fraude:** Derivado do latim *fraus, fraudis* – "engano", "má-fé", "logro", "dolo", "burla". Trata-se do ato ou da omissão decorrente da intenção planejada para omitir a verdade e, por meio da mentira, conduzir outrem ao erro. A fraude tem sempre o sentido de escapar ao cumprimento do dever e ocultar a verdade; é a prática do engano com o objetivo de causar prejuízo a terceiros. Além do sentido de contravenção à lei, notadamente a fiscal, tem o significado de contrafação, isto é, reprodução imitada, adulteração, falsificação, inculcação de uma coisa por outra. O fraudador sempre tem a intenção de causar prejuízo a terceiros. A fraude, pelo que representa de comportamento errôneo, deve ser prontamente informada e medidas devem ser imediatamente tomadas com o objetivo de estancar as consequências que provoca ao patrimônio. O fraudador, seja uma pessoa, seja um grupo organizado para tal fim, deve ser imediatamente afastado do ambiente que lhe propicia as condições de perpetrar a fraude. Segundo Antonio Lopes de Sá (2007, p. 25), "muitas perícias são motivadas para detectar-se a fraude". Prova-se a fraude por todos os meios permitidos em direito, admitindo-se sua evidência em face de indícios e conjecturas, bastando a verificação do prejuízo causado a outrem pela prática de ato oculto ou enganoso, ou seja, de má-fé.

**Indício**: Do latim *indicium* – "rastro", "sinal", "vestígio", "indicação". Fato ou série de fatos pelos quais se pode chegar ao conhecimento de outros em que se funda o conhecimento da verdade ou do que se deseja conhecer. O indício é uma circunstância conhecida ou provada que, relacionando-se com determinado fato investigado, autoriza, por indução, a conclusão da existência de outras circunstâncias. Vestígios, rastros e sinais fundamentam a presunção dos indícios levantados. São os elementos sensíveis, as circunstâncias que levam à convicção de que um fato é verdadeiro. O indício é um elemento ou o começo de prova ainda não confirmado; é o que indica, o que aponta o caminho para chegar-se à prova, sendo em si mesmo uma prova indireta ou circunstancial. Na esfera judicial, esse substantivo é tratado sempre no plural – *indícios*. São elementos que podem ser percebidos pelos sentidos (audição, visão, olfato, paladar e tato) e, em certas comunidades, admite-se a percepção extrassensorial. Para servirem de prova, devem ser graves, precisos e concordantes. Quando apresentarem as três qualidades, para fins de prova judicial, serão considerados irrefutáveis, coincidentes (com o fato controverso) e, portanto, veementes. Na técnica jurídica, significa o fato ou a série de fatos pelos quais se pode chegar ao conhecimento de outros nos quais se funda o esclarecimento da verdade que se deseja conhecer; trata-se das provas indiretas a respeito do fato que se quer demonstrar. Para que a presunção gerada a partir dos indícios mereça credibilidade, é necessário que, entre as circunstâncias indiciárias e o fato a ser provado, exista certa harmonia. Em outras palavras, pode-se dizer que os indícios são fatos provados que, tratados em conjunto e em face da sua ligação com o objeto da investigação, permitem concluir algo sobre esse fato objeto de investigação. Os indícios são sinais demonstrativos do crime. É pelo seu estudo em conjunto e pela correlação que se observa entre eles que a investigação pretende responder às perguntas: "por quê", "quando", "como", "onde", "com quem", "com o que (cousa)" etc.

**Presunção**: Do latim *praesumptio* – "conjectura", "ideia antecipada". É uma produção intelectual pura ou decorrente de estímulo sensorial. Portanto, não é algo concreto, material, real, que possa ser provado pelo uso da metodologia científica. Presumir é imaginar, hipnotizar, supor, suspeitar, conjecturar ou formar juízos sobre a existência de um fato concreto. Na terminologia jurídica, o vocábulo é empregado para exprimir a dedução, a conclusão ou a consequência que se tira de um fato conhecido, para, com base nele, admitir-se como certa, verdadeira e provada a existência de algo até então incerto. Pela presunção formada na consciência de quem examina as provas circunstanciais, deduz-se algo a respeito do que seja certo e verdadeiro. Decorre da ilação tirada de outro fato que é certo, verdadeiro e já se mostra, portanto, suficientemente provado. As presunções têm três origens:

a) Presunção estabelecida em lei – É o caso da legislação tributária que dá autoridade ao fiscal de presumir a receita objeto de tributação quando a escrituração fiscal inexistir ou for inidônea e também o "lucro presumido" da legislação do Imposto de Renda.

b) Presunção baseada nos fatos – Decorre da ação investigatória sobre crimes.

c) Presunção estabelecida pelo homem – Decorre do poder de que está investido um magistrado para julgar.

**Suspeita**: Do latim *suspectare* – "desconfiar", "duvidar", "ter receio de". Opinião, geralmente desfavorável, acerca de alguém ou de algo. Desconfiança baseada em fracas provas. Ideia vaga a respeito de algo. Suposição de que alguém é autor ou cúmplice de um delito de autoria ignorada. Conjectura, hipótese ou pressentimento. É uma desconfiança sobre a veracidade que alguém está nos apresentando.

Trata-se do estado que impede o magistrado de conhecer e julgar certa causa pela falta de certeza na qual fundamentar sua convicção a respeito do fato e/ou das pessoas envolvidas no processo. É também o ato de pressentir ou desconfiar, por conjecturas fundamentadas em determinadas circunstâncias ou aparências, que, apesar da existência de alguns pontos de verdade, são, todavia, insuficientes para formar um juízo ou uma presunção que permita prolatar uma sentença. O estado de suspeita é problemático na medida em que sempre existem aparências ou sinais de verdade que, todavia, não são totalmente convincentes e, por isso, geram a desconfiança. A suspeita pode ser dirimida com a prova pericial.

**Verdade**: Exprime o que é real, autêntico, legítimo, fiel, exato. É contrário ao que é inexistente, falso, ilegítimo, infiel, inexato. Verdadeiro é aquilo que se apresenta aos nossos sentidos e ao nosso pensamento lógico e científico como algo que existe de forma inequívoca. É por isso que o entendimento do que seja verdadeiro depende do conhecimento e da cultura do indivíduo. Além disso, o conhecimento da verdade está relacionado à fé e, nesse caso, não é uma verdade científica. Nos casos de ações judiciais, espera-se que as partes informem ao magistrado a verdade dos fatos. Àquela que for pega informando mentira, será imputada a qualidade de litigante de má-fé, aplicando-se as penalidades previstas em lei, conforme o CPC, art. 80 (Brasil, 2015).

# Referências

ALBERTO, V. L. P. **Perícia contábil**. São Paulo: Atlas, 1996.

ALENCAR, E. S. de. **A gerência da criatividade**. São Paulo: M. Books, 1996.

ALONSO, J. R. **A arbitragem e a profissão contábil**. 2007. Disponível em: <http://www.alonso.com.br/v2/downloads/Arbitragem-Contabil.pdf>. Acesso em: 3 jun. 2015.

ALONSO, J. R. **Normas e procedimentos de perícia judicial**. São Paulo: Atlas, 1975.

ANCIOTO, A. G.; COSTA, A. A. da; GOMES, A. M. **Perícia contábil**. 47 f. Monografia (Pós-graduação em Contabilidade e Controladoria Empresarial) – Instituto de Ensino Superior de Londrina, Londrina, 2009.

ANCIOTO, A. G.; COSTA, A. A. da; GOMES, A. M. **Perícia contábil**. 4. ed. São Paulo: Atlas, 2007.

APEJESP – Associação dos Peritos Judiciais do Estado de São Paulo. **Quem é o perito?** Disponível em: <http://www.apejesp.com.br/>. Acesso em: 1º ago. 2022.

BRANDIMILLER, P. A. **Perícia judicial em acidentes e doenças do trabalho**. São Paulo: Senac, 1996.

BRASIL. Câmara dos Deputados. Projeto de Lei n. 94, de 2 de dezembro de 2002a. Disponível em: <https://www.congresso nacional.leg.br/materias/pesquisa/-/materia/52939>. Acesso em: 28 mar. 2024.

BRASIL. Câmara dos Deputados. Projeto de Lei n. 4.891, de 10 de março de 2005a. Disponível em: <http://www.camara.gov.br/proposicoesWeb/fichadetramitacao?idProposicao=278025>. Acesso em: 28 mar. 2024.

BRASIL. Câmara dos Deputados. Projeto de Lei n. 4.953, de 25 de abril de 1990. Disponível em: <http://www.camara.gov.br/proposicoesWeb/prop_mostrarintegra;jsessionid=3DF5A384F49DF4C14FAE5E650FC52746.proposicoesWeb2?codteor=982343&filename=Avulso+-PL+4953/1990>. Acesso em: 28 mar. 2024.

BRASIL. Constituição (1988). **Diário Oficial da União**, Brasília, DF, 5 out. 1988. Disponível em: <http://www.planalto.gov.br/ccivil_03/constituicao/ConstituicaoCompilado.htm>. Acesso em: 28 mar. 2024.

BRASIL. Decreto n. 20.158, de 30 de junho de 1931. **Diário Oficial da União**, Poder Executivo, Rio de Janeiro, 9 jul. 1931. Disponível em: <http://www2.camara.leg.br/legin/fed/decret/1930-1939/decreto-20158-30-junho-1931-536778-publicacaooriginal-34450-pe.html>. Acesso em: 28 mar. 2024.

BRASIL. Decreto-Lei n. 1.535, de 23 de agosto de 1939. **Diário Oficial da União**, Poder Executivo, Rio de Janeiro, 25 ago. 1939a. Disponível em: <http://www2.camara.leg.br/legin/fed/declei/1930-1939/decreto-lei-1535-23-agosto-1939-411594-publicacaooriginal-1-pe.html>. Acesso em: 28 mar. 2024.

BRASIL. Decreto-Lei n. 1.608, de 18 de setembro de 1939. **Diário Oficial da União**, Poder Executivo, Rio de Janeiro, 1939b. Disponível em: <http://www.planalto.gov.br/ccivil_03/decreto-lei/1937-1946/Del1608.htm>. Acesso em: 28 mar. 2024.

BRASIL. Decreto-Lei n. 3.689, de 3 de outubro de 1941. **Diário Oficial da União**, Poder Executivo, Rio de Janeiro, 13 out. 1941. Disponível em: <http://www.planalto.gov.br/ccivil_03/decreto-lei/Del3689.htm>. Acesso em: 28 mar. 2024.

BRASIL. Decreto-Lei n. 5.452, de 1 de maio de 1943. **Diário Oficial da União**, Poder Executivo, Rio de Janeiro, 9 ago. 1943. Disponível em: <http://www.planalto.gov.br/ccivil_03/decreto-lei/del5452.htm>. Acesso em: 28 mar. 2024.

BRASIL. Decreto-Lei n. 9.295, de 27 de maio de 1946. **Diário Oficial da União**, Poder Executivo, Rio de Janeiro, 28 maio 1946. Disponível em: <http://www.planalto.gov.br/ccivil_03/decreto-lei/Del9295.htm>. Acesso em: 28 mar. 2024.

BRASIL. Lei n. 5.869, de 11 de janeiro de 1973. **Diário Oficial da União**, Poder Legislativo, Brasília, DF, 17 jan. 1973a. Disponível em: <http://www.planalto.gov.br/ccivil_03/leis/L5869.htm>. Acesso em: 28 mar. 2024.

BRASIL. Lei n. 5.925, de 1º de outubro de 1973. **Diário Oficial da União**, Poder Legislativo, Brasília, DF, 2 out. 1973b. Disponível em: <http://www.planalto.gov.br/ccivil_03/leis/1970-1979/l5925.htm>. Acesso em: 28 mar. 2024.

BRASIL. Lei n. 7.270, de 10 de dezembro de 1984. **Diário Oficial da União**, Poder Legislativo, Brasília, DF, 11 dez. 1984. Disponível em: <http://www.planalto.gov.br/ccivil_03/leis/1980-1988/l7270.htm>. Acesso em: 28 mar. 2024.

BRASIL. Lei n. 8.455, de 24 de agosto de 1992. **Diário Oficial da União**, Poder Legislativo, Brasília, DF, 25 ago. 1992. Disponível em: <http://www.planalto.gov.br/ccivil_03/leis/1989_1994/L8455.htm>. Acesso em: 28 mar. 2024.

BRASIL. Lei n. 9.307, de 23 de setembro de 1996. **Diário Oficial da União**, Poder Legislativo, Brasília, DF, 24 set. 1996. Disponível em: <http://www.planalto.gov.br/ccivil_03/leis/L9307.htm>. Acesso em: 28 mar. 2024.

BRASIL. Lei n. 10.406, de 10 de janeiro de 2002. **Diário Oficial da União**, Poder Legislativo, Brasília, DF, 11 jan. 2002b. Disponível em: <http://www.planalto.gov.br/ccivil_03/leis/2002/l10406.htm>. Acesso em: 28 mar. 2024.

BRASIL. Lei n. 11.101, de 9 de fevereiro de 2005. **Diário Oficial da União**, Poder Legislativo, Brasília, DF, 9 fev. 2005b. Disponível em: <http://www.planalto.gov.br/ccivil_03/_ato2004-2006/2005/lei/l11101.htm>. Acesso em: 28 mar. 2024.

BRASIL. Lei n. 11.232, de 22 de dezembro de 2005. **Diário Oficial da União**, Poder Legislativo, Brasília, DF, 23 dez. 2005c. Disponível em: <http://www.planalto.gov.br/ccivil_03/_ato2004-2006/2005/lei/l11232.htm>. Acesso em: 28 mar. 2024.

BRASIL. Lei n. 12.030, de 17 de setembro de 2009. **Diário Oficial da União**, Poder Legislativo, Brasília, DF, 18 set. 2009. Disponível em: <http://www.planalto.gov.br/ccivil_03/_ato2004-2006/2005/lei/l11101.htm>. Acesso em: 28 mar. 2024.

BRASIL. Lei n. 13.105, de 16 de março de 2015. **Diário Oficial da União**, Poder Legislativo, Brasília, DF, 17 mar. 2015. Disponível em: <http://www.planalto.gov.br/ccivil_03/_Ato2015-2018/2015/Lei/L13105.htm#art1045>. Acesso em: 28 mar. 2024.

CALDERELLI, A. **Enciclopédia contábil e comercial brasileira**. São Paulo: Cetec, 1999. 3 v.

CANTIL, J. C. G. **A inserção do contador como perito no mercado judicial estadual de Vitória da Conquista em 2013**. 99 f. Monografia (Bacharelado em Ciências Contábeis) – Universidade Estadual do Sudoeste da Bahia, Vitória da Conquista, 2013.

CBMAE – Câmara Brasileira de Mediação e Arbitragem Empresarial. Disponível em: <http://www.cbmae.org.br/>. Acesso em: 1º ago. 2022.

CBMAE – Câmara Brasileira de Mediação e Arbitragem Empresarial. Parceria CFC-CBMAE para difusão da rede de câmaras. **Boletim da Câmara Brasileira de Mediação e Arbitragem Empresarial**, ano 1, 3 abr. 2008.

CFC – Conselho Federal de Contabilidade. NBC PG 100, de 24 de janeiro de 2014. **Diário Oficial da União**, Brasília, DF, 25 mar. 2014a. Disponível em: <http://www.normaslegais.com.br/legislacao/nbc-pg-100.htm>. Acesso em: 28 mar. 2024.

CFC – Conselho Federal de Contabilidade. NBC PG 200, de 24 de janeiro de 2014. **Diário Oficial da União**, Brasília, DF, 25 mar. 2014b. Disponível em: <http://www.normaslegais.com.br/legislacao/nbc-pg-200.htm>. Acesso em: 28 mar. 2024.

CFC – Conselho Federal de Contabilidade. NBC PP 01, de 27 de fevereiro de 2015. **Diário Oficial da União**, Brasília, DF, 27 fev. 2015a. Disponível em: <http://www.cfc.org.br/sisweb/SRE/docs/NBCPP01.doc>. Acesso em: 3 jun. 2015.

CFC – Conselho Federal de Contabilidade. NBC PP 01 (R1), de 19 de março de 2020. **Diário Oficial da União**, Brasília, DF, 27 mar. 2020a. Disponível em: <https://www1.cfc.org.br/sisweb/SRE/docs/NBCPP01(R1).pdf>. Acesso em: 24 mar. 2024.

CFC – Conselho Federal de Contabilidade. NBC PP 02 (R1), de 21 de outubro de 2016. **Diário Oficial da União**, Brasília, DF, 21 out. 2026a. Disponível em: <https://apejese.org.br/wp-content/uploads/2019/01/NBC-PP-02-DE-21-DE-OUTUBRO-DE-2016.pdf>. Acesso em: 4 set. 2024.

CFC – Conselho Federal de Contabilidade. NBC T 13.6, de 26 de agosto de 2005. **Diário Oficial da União**, Brasília, DF, 22 set. 2005a. Disponível em: <http://www.portaldecontabilidade.com.br/nbc/nbct13_6.htm>. Acesso em: 28 mar. 2024.

CFC – Conselho Federal de Contabilidade. NBC TP 01, de 24 de janeiro de 2014. **Diário Oficial da União**, Brasília, DF, 27 fev. 2015b. Disponível em: <http://www.cfc.org.br/sisweb/SRE/docs/NBCTP01.doc>. Acesso em: 3 jun. 2015.

CFC – Conselho Federal de Contabilidade. NBC TP 01 (R1), de 19 de março de 2020. **Diário Oficial da União**, Brasília, DF, 27 mar. 2020b. Disponível em: <https://www1.cfc.org.br/sisweb/SRE/docs/NBCTP01(R1).pdf>. Acesso em: 24 mar. 2024.

CFC – Conselho Federal de Contabilidade. **Normas brasileiras de contabilidade**: perícia contábil – NBC TP 01 e NBC PP 01. Brasília, 2012. Disponível em: <http://portalcfc.org.br/wordpress/wp-content/uploads/2013/01/Per%C3%ADcia_Cont%C3%A1bil.pdf>. Acesso em: 10 ago. 2015.

CFC – Conselho Federal de Contabilidade. Resolução CFC n. 560, de 28 de outubro de 1983. **Diário Oficial da União**, Brasília, DF, 28 dez. 1983. Disponível em: <http://www.portaldecontabilidade.com.br/legislacao/resolucaocfc560.htm>. Acesso em: 28 mar. 2024.

CFC – Conselho Federal de Contabilidade. Resolução CFC n. 731, de 22 de outubro de 1992. **Diário Oficial da União**, Brasília, DF, 5 nov. 1992. Disponível em: <http://www2.cfc.org.br/sisweb/sre/detalhes_sre.aspx?codigo=1992/000731>. Acesso em: 28 mar. 2024.

CFC – Conselho Federal de Contabilidade. Resolução CFC n. 820, de 17 de dezembro de 1997. **Diário Oficial da União**, Brasília, DF, 17 dez. 1997a. Disponível em: <http://www.portaldecontabilidade.com.br/nbc/res820.htm>. Acesso em: 28 mar. 2024.

CFC – Conselho Federal de Contabilidade. Resolução CFC n. 821, de 17 de dezembro de 1997. **Diário Oficial da União**, Brasília, DF, 17 dez. 1997b. Disponível em: <http://www.portaldecontabilidade.com.br/nbc/res821.htm>. Acesso em: 28 mar. 2024.

CFC – Conselho Federal de Contabilidade. Resolução CFC n. 857, de 21 de outubro de 1999. **Diário Oficial da União**, Brasília, DF, 21 out. 1999a. Disponível em: <http://reginaldo.cnt.br/cfc-pdf/136.pdf>. Acesso em: 1º ago. 2015.

CFC – Conselho Federal de Contabilidade. Resolução CFC n. 858, de 21 de outubro de 1999. **Diário Oficial da União**, Brasília, DF, 21 out. 1999b. Disponível em: <http://www.valdecicontabilidade.cnt.br/contabilistas/NORMAS/Res858.htm>. Acesso em: 1º ago. 2015.

CFC – Conselho Federal de Contabilidade. Resolução CFC n. 1.056, de 25 de novembro de 2005. **Diário Oficial da União**, Brasília, DF, 23 dez. 2005b. Disponível em: <http://www.portaldecontabilidade.com.br/legislacao/cfc1056_2005.htm>. Acesso em: 28 mar. 2024.

CFC – Conselho Federal de Contabilidade. Resolução CFC n. 1.065, de 21 de dezembro de 2005. **Diário Oficial da União**, Brasília, DF, 5 jan. 2006. Disponível em: <http://www.diariodasleis.com.br/busca/exibelink.php?numlink=1-22-34-2005-12-21-1065>. Acesso em: 28 mar. 2024.

CFC – Conselho Federal de Contabilidade. Resolução CFC n. 1.203, de 27 de novembro de 2009. **Diário Oficial da União**, Brasília, DF, 3 dez. 2009a. Disponível em: <http://www.oas.org/juridico/portuguese/mesicic3_bra_res1203.pdf>. Acesso em: 28 mar. 2024.

CFC – Conselho Federal de Contabilidade. Resolução CFC n. 1.243, de 10 de dezembro de 2009. **Diário Oficial da União**, Brasília, DF, 18 dez. 2009b. Disponível em: <http://www.normaslegais.com.br/legislacao/resolucaocfc1243_2009.htm>. Acesso em: 28 mar. 2024.

CFC – Conselho Federal de Contabilidade. Resolução CFC n. 1.244, de 10 de dezembro de 2009. **Diário Oficial da União**, Brasília, DF, 18 dez. 2009c. Disponível em: <http://www.normaslegais.com.br/legislacao/resolucaocfc1244_2009.htm>. Acesso em: 28 mar. 2024.

CFC – Conselho Federal de Contabilidade. Resolução CFC n. 1.502, de 19 de fevereiro de 2016. **Diário Oficial da União**, Brasília, DF, 1º mar. 2016b. Disponível em: <https://www2.cfc.org.br/sisweb/sre/detalhes_sre.aspx?Codigo=2016/001502&arquivo=Res_1502.doc>. Acesso em: 28 mar. 2024.

CFC – Conselho Federal de Contabilidade. Resolução CFC n. 1.503, de 21 de outubro de 2016. **Diário Oficial da União**, Brasília, DF, 26 dez. 2016c. Disponível em: <https://www2.cfc.org.br/sisweb/sre/detalhes_sre.aspx?codigo=2016/001513>. Acesso em: 28 mar. 2024.

D'AURIA, F. **Revisão e perícia contábil**. São Paulo: Nacional, 1962.

DALLA ZANNA, R. **A abrangência da perícia contábil**. 2012a. Disponível em: <http://rdzpericias.com.br/a-abrangencia-da-pericia-contabil/>. Acesso em: 24 mar. 2024.

DALLA ZANNA, R. **Manual do mestre**. Disponível em: <https://xa.yimg.com/kq/groups/22733831/1920773269/name/UNKNOWN_PARAMETER_VALUE>. Acesso em: 3 jun. 2015.

DALLA ZANNA, R. Perícia e auditoria contábeis: diferenças e semelhanças entre as atividades de auditor externo e de perito contador. **RDZ Fomação de Peritos**, jul. 2012b. Disponível em: <http://rdzpericias.com.br/pericia-e-auditoria-contabeis-diferencas-e-semelhancas-entre-as-atividades-de-auditor-externo-e-de-perito-contador>. Acesso em: 24 mar. 2024.

DALLA ZANNA, R. **Prática de perícia contábil**. São Paulo: IOB, 2011.

DIRF e informe de rendimentos devem ser entregues até o dia 28 de fevereiro. **Contábeis**, 5 fev. 2014. Disponível em: <https://www.contabeis.com.br/noticias/15304/dirf-e-informe-de-rendimentos-devem-ser-entregues-ate-o-dia-28-de-fevereiro/>. Acesso em: 4 set. 2024.

FERREIRA. G. R. **A atuação do perito contábil no processo civil**. 54 f. Trabalho de Conclusão de Curso (Graduação em Ciências Contábeis) – Universidade Federal Fluminense, Volta Redonda, 2014. Disponível em: <https://app.uff.br/riuff/bitstream/handle/1/1973/2014-CienciasContabeis-GRAZIELLA%20RODRIGUES%20FERREIRA.pdf?sequence=3&isAllowed=y>. Acesso em: 4 set. 2024.

FRANÇA, J. A. de; MORAIS, A. C. **Perícia judicial e extrajudicial**: uma abordagem conceitual e prática. 2. ed. Brasília: Qualidade Brasília, 2004.

GOMES, J. M. M.; SANTOS, J. D.; SCHMIDT, P. **Fundamentos de perícia contábil**. São Paulo: Atlas, 2006.

GONÇALVES, R. de S. **Perícia contábil**. Rio de Janeiro: Forense, 1968.

HENRIQUE, M. R. **Análise das condições de ensino de perícia contábil em cursos de ciências contábeis na Grande São Paulo**. 109 f. Dissertação (Mestrado em Ciências Contábeis) – Fundação Escola de Comércio Álvares Penteado, São Paulo, 2008.

KOLIVER, O. A contabilidade e os contadores a serviços do judiciário. **Revista do CRC-RS**, Porto Alegre, n. 112, p. 61-73, maio 2003.

LAURINDO, G. Diferença entre sistema arbitral e judicial. **Redes – Revista Educacional da Sucesso**, v. 4, n. 1, p. 269-284, 2024. Disponível em: <https://www.editoraverde.org/portal/revistas/index.php/rec/article/download/250/363/1095>. Acesso em: 1º out. 2024.

MACEDO, A. T. Perícia contábil. **Click contábil**. 15 jun. 2012. Disponível em: <http://alunosdecontabeis-coc.blogspot.com.br/2012/02/pericia-contabil.html>. Acesso em: 11 ago. 2015.

MAGALHÃES, A. D. F. et al. **Perícia contábil**. São Paulo: Atlas, 1998.

MARION, J. C. **O ensino da contabilidade**. 2. ed. São Paulo: Atlas, 2001.

MELLO, O. M.; SANTOS, C. M. Breve discussão sobre a atualidade total em serviços periciais. **Revista Brasileira de Contabilidade**, Brasília, v. 146, p. 83-93, mar./abr. 2004.

MOURA, R. **Perícia contábil**: judicial e extrajudicial. 6. ed. Revisada, ampliada e atualizada com as Normas do CFC de 2020. Rio de Janeiro: Freitas Bastos, 2021.

NASCIMENTO, R. S.; NASCIMENTO, J. H. P. O perito como auxiliar na justiça, suas atribuições e prerrogativas no processo pericial contábil. **Revista Brasileira de Contabilidade**, Brasília, v. 151, n. 143, p. 63-73, 2003.

ORNELAS, M. M. G. de. Balanço de determinação. In: CONGRESSO BRASILEIRO DE CONTABILIDADE, 16., 2000, Goiânia. **Anais...** São Paulo: Contadores Forenses, 2000.

ORNELAS, M. M. G. de. **Perícia contábil**: diretrizes e procedimentos. 6. ed. São Paulo: Atlas, 2018.

ORNELAS, M. M. G. de. **Perícia contábil**. 4. ed. São Paulo: Atlas, 2003.

PASTORI, S. **A perícia contábil e o novo Código Civil**. 2007. Disponível em: <http://www.icbrasil.com.br/doutrina/ver.asp?art_id=841&categoria=CódigoCivil>. Acesso em: 19 jun. 2015.

PELEIAS, I. R. et al. Perícia contábil: análise das condições de ensino em cursos de ciências contábeis da Região Metropolitana de São Paulo. **Educação em Revista**, Belo Horizonte, v. 27, n. 3, dez. 2011. Disponível em: <http://www.scielo.br/scielo.php?pid=S0102-46982011000300005&script=sci_arttext>. Acesso em: 1º ago. 2022.

PINTO, J. E. N. Árbitro: ser ou estar – eis a questão. **Revista Brasil-Canadá**, n. 5, ano 1, p. 15-30, out./nov. 2005.

PIRES, M. A. A. A perícia contábil: reflexões sobre seu verdadeiro significado e importância. **Perito contador**, 21 maio 1993. Disponível em: <http://www.peritocontador.com.br/artigos/A_Pericia_Contabil1.pdf>. Acesso em: 1º ago. 2022.

PIRES, M. A. A. **O papel do laudo pericial contábil na decisão judicial**. 180 f. Dissertação (Mestrado em Contabilidade) – Faculdade de Ciências Contábeis da Fundação Vicente de Cairu, Salvador, 2005. Disponível em: <http://peritoscontabeis.com.br/trabalhos/dissertacao_maap.pdf>. Acesso em: 4 set. 2024.

SÁ, A. L. de. **Laudo pericial contábil**: diferença entre informar e opinar. Disponível em: <http://www2.masterdirect.com.br/448892/index.asp?opcao=7&cliente=448892&avulsa=6570>. Acesso em: 10 ago. 2015.

SÁ, A. L. de. **Perícia contábil**. 6. ed. São Paulo: Atlas, 2004.

SA, A. L. de. **Perícia contábil**. 7. ed. São Paulo: Atlas, 2007.

SANTANA, C. M. S. de. **A perícia contábil e sua contribuição na sentença judicial:** um estudo exploratório. 164 f. Dissertação (Mestrado em Ciências Contábeis) – Faculdade de Economia, Administração e Contabilidade da Universidade de São Paulo, São Paulo, 1999. Disponível em: <http://www.teses.usp.br/teses/disponiveis/12/12136/tde-06102004-161123/pt-br.php>. Acesso em: 27 abr. 2024.

SANTOS, M. A. **Prova judiciária no cível e comercial**. 2. ed. São Paulo: Max Limonad, 1955.

# Respostas

## Capítulo 1

### Questões para revisão
1. c
2. d
3. c
4. b
5. b

## Capítulo 2

### Questões para revisão
1. d
2. b
3. d
4. b
5. e

## Capítulo 3

Questões para revisão
1. a
2. d
3. d
4. b
5. b

## Capítulo 4

Questões para revisão
1. b
2. c
3. d
4. a
5. b

## Capítulo 5

Questões para revisão
1. d
2. a
3. d
4. a
5. b

## Capítulo 6

Questões para revisão
1. b
2. b
3. c
4. a
5. c

# Sobre os autores

**Marcelo Rabelo Henrique**

Doutor em Controladoria, Finanças e Tecnologias de Gestão (2024) pela Universidade Presbiteriana – Mackenzie e em Administração de Negócios (2019) pela Escuela Superior de Administración y Dirección de Empresas (Esade). MBA Executivo em Administração de Empresas com ênfase em Gestão (2010) pela Fundação Getulio Vargas (FGV). Mestre em Ciências Contábeis (2008) e pós-graduado em Avaliações Periciais (2004) pela Fundação Escola de Comércio Álvares Penteado (Fecap). Bacharel em Ciências Contábeis (2003) pela Universidade Camilo Castelo Branco (Unicastelo).

É docente em cursos de graduação e pós-graduação de Ciências Contábeis, revisor de periódicos nacionais e internacionais, bem como avaliador e moderador de congressos nacionais e internacionais. Atua na área de administração, com ênfase em ciências contábeis, principalmente nos seguintes temas: contabilidade, tributos e perícia contábil. Além disso, exerce a função de perito-contador desde 2004.

Além deste livro, é autor de artigos em periódicos nacionais e internacionais nas áreas de contabilidade, tributos e perícia contábil. É fundador da Mrhenrique Assessoria Contábil e Avaliações Periciais Ltda. (http://www.mrhenriqueconsult.com.br).

Currículo Lattes: http://lattes.cnpq.br/8872607903177348
Contato: marcelo@mrhenriqueconsult.com.br

**Wendell Alves Soares**

Mestre em Administração de Empresas com foco em Governança Corporativa (2017) pelo Programa Profissional em Administração de Empresas do Centro Universitário das Faculdades Metropolitanas Unidas (FMU). MBA em Controladoria (2010) e especialista em Docência Universitária (2012) pela Universidade Nove de Julho (UniNove). Graduado em Administração de Empresas (2009) e em Ciências Contábeis (2018) pela UniNove. Sócio-proprietário da Atrom Consultoria Empresarial.

Atualmente, leciona na Strongs Business School (FGV) – Escola Superior de Administração e Gestão, nos cursos de Ciências Contábeis, Administração e Economia; e nos cursos de pós-graduação da Fundação Getulio Vargas (FGV), nas disciplinas de Formação de Preço e Gestão Estratégica de Custos. É professor convidado do Centro Universitário das FMU e do MBA USP/Esalq, no qual atua como professor orientador de trabalhos de conclusão de curso.

Currículo Lattes: http://lattes.cnpq.br/7148436560313836
Contato: wendellconsult@gmail.com